GUIDE

DES EXPROPRIATIONS

POUR CAUSE D'UTILITÉ PUBLIQUE.

IMPRIMERIE ET FONDERIE DE E.-J. BAILLY,
PLACE SORBONNE, 2.

GUIDE

DES

EXPROPRIATIONS

POUR CAUSE D'UTILITÉ PUBLIQUE ;

CONTENANT

LA LOI DU 3 MAI 1841,

ACCOMPAGNÉE D'ANNOTATIONS
PROPRES A EN RENDRE L'INTELLIGENCE ET L'INTERPRÉTATION
FACILES A TOUTES LES PERSONNES APPELÉES A LA FAIRE
EXÉCUTER OU ATTEINTES PAR SES DISPOSITIONS,

Précédée du Rapport fait au nom de la Commission de la Chambre
des Députés chargée de son examen,

ET SUIVIE DES AUTRES LOIS, ORDONNANCES ET INSTRUCTIONS
RELATIVES A LA MATIÈRE ;

PAR TH. HOMBERG,

Avocat à la Cour royale de Rouen.

PARIS,

CARILIAN-GOEURY ET V^{VE}. DALMONT,

Éditeurs, Libraires des corps royaux des Ponts-et-Chaussées et des Mines,

QUAI DES AUGUSTINS, 39 ET 41.

1841.

PRÉFACE.

La loi du 3 mai 1841 a été calquée sur celle du 7 juillet 1833, dont elle reproduit, en les corrigeant, toutes les principales dispositions.

Or, la loi de 1833 a été l'objet de commentaires étendus que, par ce petit ouvrage, nous n'avons pas l'injuste prétention de vouloir rendre inutiles.

L'excellent livre de M. Delalleau, le Code des Municipalités de MM. Gillon et

Stourm, les Annotations de M. Duvergier, le Répertoire de M. Dalloz, sont dans les bibliothèques de tous les jurisconsultes, et ce n'est qu'à titre de complément que nous venons demander place auprès d'eux.

Mais ce qui ne pouvait être qu'un complément pour les jurisconsultes, devait être rendu suffisant pour les personnes qui, étrangères à la pratique du droit, ont cependant besoin de bien connaître et de bien comprendre la loi du 3 mai 1841.

Il nous a donc paru utile de faire entrer dans les notes que nous avons jointes à cette loi, tout ce qui pouvait rendre son intelligence et son interprétation faciles, soit aux agens de l'administration qui auront à la faire exécuter, soit aux membres des jurys d'expropriation, désireux d'apporter une conscience éclairée dans l'exercice de leurs honorables, mais souvent embarrassantes fonctions, soit enfin, et surtout, aux propriétaires frappés d'expropriation, et qui vont se trouver engagés dans les ambages d'une procédure où les délais sont courts et où les résolutions ont besoin d'être promptement prises.

Nous avons étudié avec conscience les débats législatifs qui avaient préparé la loi de 1833, et ceux qui ont présidé à la rédaction de la loi nouvelle; nous avons analysé les décisions de la jurisprudence, qui, intervenues sur la première de ces lois, seraient encore applicables à la seconde; enfin, nous nous sommes pénétrés de la doctrine des auteurs, et si nous avons imposé à notre travail d'étroites limites, si nous avons pris à tâche de n'y rien faire entrer d'inutile, nous nous sommes appliqués, bien davantage encore, à n'y rien omettre d'essentiel pour le but que nous nous proposions.

Ainsi, nous avons fait suivre la loi du 3 mai 1841 des autres lois, ordonnances et instructions citées dans cette loi principale ou relatives à son exécution; ainsi encore, nous avons fait entrer dans un court tableau analytique toute la procédure d'expropriation pour utilité publique.

Les notes, séparées du texte de la loi du 3 mai, n'empêchent pas d'en saisir l'ensemble, et la table alphabétique qui termine le volume ajoute l'avantage d'un dictionnaire à celui de la forme méthodique employée dans le cours de l'ouvrage.

TABLE

DES

DIVISIONS DE L'OUVRAGE.

FIN DE LA TABLE DES DIVISIONS DE L'OUVRAGE.

TABLE CHRONOLOGIQUE

DES

LOIS, ORDONNANCES ET DÉCISIONS

CITÉES DANS CE LIVRE.

GUIDE
DES EXPROPRIATIONS.

RAPPORT

FAIT

Au nom de la Commission (1) chargée de l'examen du projet de la Loi du 3 mai 1841, sur l'Expropriation pour cause d'utilité publique, par M. DUFAURE, *député de la Charente-Inférieure.*

Séance du 19 juin 1840.

MESSIEURS,

Le Gouvernement a présenté à la Chambre des Pairs, le 19 février 1840, un projet de loi destiné à modifier la loi du 7 juillet 1833, relative à l'expropriation pour cause d'utilité publique. Ce projet, amendé par la Chambre des Pairs, vous a été présenté le 20 mai ; la Commission que vous avez chargée de l'examiner vient vous rendre compte des motifs qui lui ont fait adopter la plupart des

(1) Cette commission était composée de MM. Rivet, Dufaure, Moreau (Meurthe), Charamaule, Lanjuinais, Isambert, Monier de la Sizeranne, Goury, Dalloz.

modifications qui vous étaient proposées, et qui l'ont engagée à vous en proposer de nouvelles.

Il serait superflu de rappeler l'importance de tout ce qui touche au droit de propriété. Les législateurs n'ont cru pouvoir mieux l'honorer et le consacrer qu'en l'élevant au rang des droits publics. La Constitution de 91, celle de 93, celle de l'an III, la Charte de 1814, la Charte de 1830, ont successivement déclaré la propriété inviolable, et l'ont placée sous la sauve-garde de la foi jurée au pacte social.

Mais il ne fallait pas que le respect d'un principe qui a pour but le maintien de la société, pût tourner à son préjudice; ce n'est qu'à la condition de certains sacrifices, que la société garantit à chacun la jouissance de certains droits; et en même temps que toutes nos constitutions déclaraient la propriété inviolable, toutes réservaient le droit de l'État d'en exiger le sacrifice pour cause d'intérêt public, moyennant une préalable indemnité.

Personne ne conteste ce droit de l'État; mais, lorsqu'il s'agit d'en organiser l'exercice, de sérieuses difficultés peuvent se présenter : les progrès de la civilisation et le développement de la prospérité publique amènent, sous ce rapport, de graves complications. Tandis que la propriété se divise et se multiplie sous des formes nouvelles, que le nombre des propriétaires augmente, que le sentiment de leur droit devient chez eux plus vif, de nouveaux besoins appellent ces grands travaux qui, tout en constatant un état social déjà avancé, lui impriment un élan plus rapide encore, mais ne peuvent s'accomplir que par le sacrifice d'intérêts privés, chaque jour plus nombreux et plus exigeans.

Ce sont les anciennes voies de communications qu'il s'agit de perfectionner, ce sont de nouvelles routes à ouvrir, des canaux à creuser, des chemins de fer à construire, de grands établissemens de bienfaisance ou d'administration à élever : soit que le Gouvernement accomplisse lui-même cette partie de sa mission, soit que l'industrie privée demande à le seconder, ou à prendre sa place, à chaque pas se rencontre le droit de propriété avec ses susceptibilités et ses exigences légitimes ou exagérées. Respecter ce droit dans ses prétentions légitimes, sans arrêter les travaux dont l'intérêt général réclame le développement, tel est le problème à résoudre. Sa solution doit se trouver dans les lois qui règlent l'expropriation pour cause d'utilité publique.

Les exemples des sacrifices imposés à la propriété privée dans un intérêt public sont fréquens dans nos lois. Tantôt le propriétaire est dépouillé de sa chose même : ainsi son droit cède devant la nécessité de défendre le territoire national (1). Ainsi, pour assurer la subsistance du pays, les propriétaires des halles ou marchés sont obligés d'en louer l'usage ou même de les vendre aux communes qui le réclament (2). Le droit de propriété est sacrifié pour l'exploitation des mines, pour le des-

(1) 10 juillet 1791, — 17 juillet 1819, — 30 mars 1831.
(2) 15 mars 1790.

séchement des marais : il ne fallait pas que les richesses minérales que renferme le sol pussent y demeurer éternellement enfouies, grâce à l'ignorance ou à l'incurie d'un propriétaire ; il ne fallait pas qu'un refus aveugle d'assainir des terrains qui peuvent devenir fertiles appauvrît l'agriculture et risquât de compromettre la salubrité de tout une contrée (1).

La loi du 16 septembre 1807 confie aux maires le droit de donner des alignemens, soit pour l'ouverture de nouvelles rues, soit pour l'élargissement des anciennes, et ainsi le propriétaire des terrains compris dans le tracé de la voie publique et qui doivent un jour recevoir cette destination, se trouve privé de la faculté de faire des constructions ou de réparer celles qui existent sur ces terrains.

Une loi plus récente (21 mai 1836) a réglé l'expropriation des terrains nécessaires à l'ouverture et à l'élargissement des chemins vicinaux.

Quelquefois la propriété ne se trouve atteinte que dans l'exercice de certains droits et pour la création de certaines servitudes, soit par exemple pour l'obligation de souffrir le marche-pied ou le chemin de halage sur le bord des rivières navigables ou flottables (décret du 22 janvier 1808), soit par la défense de construire dans la zone militaire des places de guerre, soit en général par toutes servitudes dont l'utilité publique commande l'établissement. Le droit du Gouvernement d'extraire

(1) 16 septembre 1807, — 21 avril 1810.

dans le voisinage des travaux les matériaux nécessaires aux constructions (28 pluviôse an VIII), grève les propriétés d'une charge qui, bien qu'elle ne constitue pas une expropriation, peut souvent devenir onéreuse. Souvent aussi l'exécution des travaux oblige à occuper temporairement les terrains pour le dépôt des matériaux ou des terres extraites; l'occupation temporaire des terrains nécessaires aux travaux de fortifications peut même se prolonger pendant trois ans, avant que l'expropriation puisse en être exigée.

Dans tous ces cas, le principe de l'expropriation pour cause d'utilité publique reçoit son application : la propriété privée est respectée; mais son droit s'abaisse devant les nécessités de l'intérêt public.

Indépendamment des lois spéciales qui, pour certains cas particuliers, ont réglé l'expropriation ou les modifications diverses que la propriété est appelée à subir, une loi commune devait organiser d'une manière générale l'application du principe de l'expropriation pour cause d'utilité publique à la propriété immobilière.

Pour rendre l'application de ce principe conforme aux termes de nos constitutions, il y avait à régler trois points principaux : 1° la déclaration de l'utilité publique, qui seule peut commander le sacrifice d'une propriété privée ;

2° L'expropriation, qui ne saurait être arbitraire et ne peut, à défaut de consentement amiable, s'accomplir que sous la garantie d'une autorité légalement constituée ;

3° La fixation de l'indemnité, qui doit être le prix et la représentation de la propriété et du dommage souffert.

La loi du 16 septembre 1807, la première qui ait déterminé avec quelque soin les formalités à suivre en matière d'expropriation, avait confié à l'administration la triple mission de déclarer l'utilité publique, de prononcer l'expropriation, et de fixer l'indemnité après expertise : l'administration était juge et partie. Les réclamations de l'intérêt privé, sacrifié sans défense à l'intérêt public, amenèrent la loi du 8 mars 1810 : l'administration conserva le pouvoir de déclarer l'utilité publique ; celui de prononcer l'expropriation et de fixer l'indemnité fut transféré aux tribunaux. La propriété avait retrouvé des garanties, mais on les avait exagérées ; c'était l'intérêt public, à son tour, qui se trouvait compromis par des lenteurs interminables et des estimations exorbitantes.

Les obstacles ainsi opposés à l'exécution des grands travaux qui commençaient à se multiplier et auxquels on sentait le besoin d'imprimer un essor plus rapide, avaient suscité des plaintes nombreuses ; le vœu d'une réforme était unanime ; la loi du 7 juillet 1833 essaya de rétablir l'équilibre entre les exigences rivales de l'intérêt public et de l'intérêt privé, tour à tour subordonnés l'un à l'autre.

D'après la loi du 7 juillet 1833, la déclaration d'utilité publique émane soit du pouvoir législatif pour les travaux les plus importans, soit du pouvoir exécutif pour les travaux secondaires ; les tribunaux prononcent l'expropriation, et, ce qui constitue la grande innovation de la loi, un jury spécial fixe le réglement de l'indemnité.

Il serait impossible de méconnaître les améliorations importantes qui résultent de la loi de 1833. Les attributions de chacun des pouvoirs, successivement appelés à l'exécution de la loi, se trouvent nettement définies et appropriées d'une manière judicieuse à la nature de chacun d'eux.

Si le jury n'a pas toujours compris la haute mission qui lui était dévolue, il faut dire que ses erreurs ont été de rares exceptions, et qu'une plus longue pratique de la loi pourra les prévenir. Par le jury, la propriété, tout en devenant juge dans sa propre cause, ne l'est devenue que sous des conditions qui empêchent, en général, l'intérêt personnel de prévaloir. Une expérience de sept années a permis d'apprécier combien les procédures avaient été rendues plus simples et plus expéditives; aussi le gouvernement, dans le projet qu'il vous a présenté, respecte-t-il les bases fondamentales de la loi de 1833; mais l'application même qu'il a été donné d'en faire depuis sept ans, a signalé quelques imperfections de détail; il a paru possible et utile d'y porter remède, et ce sont ces modifications partielles qui font l'objet du projet de loi dont vous avez été saisis. Nous allons rapidement vous en rendre compte, en suivant les articles mêmes de la loi de 1833, dont l'ordre a été conservé.

La première partie de la loi se rapporte à la déclaration d'utilité publique. La loi du 7 juillet 1833 indique dans ses deux premiers titres les formes à suivre pour faire déclarer que l'expropriation d'un immeuble est réclamée par l'intérêt public.

Une enquête est ouverte sur l'utilité du travail que l'administration veut entreprendre. Après l'enquête et suivant ses résultats, ce travail est autorisé soit par une loi, soit par une ordonnance; par une loi, s'il s'agit de grands travaux publics, routes royales, canaux, chemins de fer, canalisation de rivières, bassins et docks; par une ordonnance, s'il s'agit de routes départementales ou de canaux et chemins de fer qui soient de simples embranchemens et aient moins de vingt mille mètres de longueur, ou de ponts et autres travaux de moindre importance.

Le préfet prend un arrêté pour désigner les localités sur lesquelles les travaux doivent avoir lieu, lorsque cette désignation ne résulte pas de la loi ou de l'ordonnance royale.

Nous avons, comme le Gouvernement, maintenu ces dispositions, en appliquant le paragraphe premier aux travaux d'utilité publique entrepris par les départemens ou les communes, ainsi que la jurisprudence l'a déjà fait, et en ajoutant un seul mot au second paragraphe de l'art. 3, pour mieux indiquer qu'il ne s'applique qu'aux routes départementales, et faire ainsi disparaître quelques doutes qui avaient été exprimés devant la chambre des pairs.

Le travail projeté est déclaré d'utilité publique; les localités ou territoires sur lesquels il doit être entrepris sont désignés. Tout n'est point fait encore, il faut arriver à signaler les propriétés particulières qu'il atteint et dont l'acquisition sera nécessaire.

Pour cela, les agens chargés de l'exécution des travaux lèvent dans chaque commune le plan parcellaire des terrains ou des édifices dont la cession leur paraît nécessaire ; ce plan est déposé pendant huit jours au moins à la mairie ; le dépôt est rendu public par des affiches et publications ; tout le monde peut prendre connaissance du plan et adresser au maire ses déclarations ou réclamations.

Après les huit jours pendant lesquels dure le dépôt, une commission composée de quatre membres du conseil général du département ou du conseil d'arrondissement, désignés par le préfet, du maire de la commune, et de l'un des ingénieurs chargés de la direction des travaux, se réunit sous la présidence du sous-préfet ; elle donne son avis sur les plans qui lui sont soumis ; son avis est transmis au secrétariat général de la préfecture, où il reste pendant huit jours soumis à l'examen des parties intéressées. Le préfet détermine ensuite par un arrêté motivé les propriétés qui doivent être cédées. Si la commission avait demandé des modifications au tracé primitif, il ne pourrait prendre son arrêté qu'après en avoir référé à l'administration supérieure.

Telles étaient les dispositions de la loi de 1833 ; le projet du Gouvernement y apporte quelques modifications importantes.

Il rend plus rapide cette procédure administrative.

Le plan des ingénieurs reste déposé pendant un délai fixe de huit jours.

Les opérations de la commission ne dureront plus que dix jours, au lieu d'un mois.

On évite des chances de retard en permettant à la commission de délibérer au nombre de cinq membres. Enfin, le projet entre dans une voie où nous vous proposons d'entrer plus nettement. L'article 10 du projet, pour donner plus de réalité aux réclamations que les parties intéressées peuvent avoir à présenter contre le procès-verbal de la commission, les autorise à fournir leurs observations écrites : nous demandons que si la commission propose quelque changement, le sous-préfet, dans les trois jours de l'envoi au préfet (1), en donne avis aux propriétaires *nouveaux* que ces changemens pourront intéresser. Ils ont dû croire jusque là que leurs propriétés n'étaient pas atteintes ; il est juste de les mettre à même de réclamer. Après leur avoir rendu l'exercice de ce droit plus facile, nous devions en tirer la conséquence. On avait prétendu, sous la loi de 1833, que, lorsque les plans approuvés par l'administration supérieure embrassaient des propriétés nouvelles, il était nécessaire de recommencer pour ces propriétés toutes les formalités du titre II. Nous avons pu et voulu dissiper tous les doutes qui s'étaient élevés à cet égard. L'administration pourra, suivant les circonstances, ou statuer définitivement, ou ordonner qu'il sera procédé de nouveau à tout ou

(1) La fixation de ce délai de trois jours a été supprimée.

partie des formalités prescrites par les articles précédens. Après que tous les intéressés ont pu se faire entendre, nous n'avons trouvé aucun inconvénient à donner ce droit à l'administration.

Lorsque le plan des propriétés dont la cession est nécessaire a été définitivement arrêté, le pouvoir judiciaire est appelé à prononcer l'expropriation contre ceux des propriétaires avec lesquels il n'a pas été possible de traiter à l'amiable. C'est l'objet du titre III de la loi de 1833. Mais une lacune existait dans la loi; elle n'avait pas prévu les formes suivant lesquelles il serait permis de traiter à l'amiable pour les biens des mineurs et autres incapables. Elle donnait à leurs représentans le droit de convenir du prix après l'expropriation prononcée; elle ne leur permettait pas de consentir à l'expropriation. Pourquoi, dès que l'aliénation est forcée, ne pas leur permettre d'y souscrire par un acte volontaire, sauf les précautions propres à garantir les droits des incapables? Tel est le but d'une série de dispositions que nous avons ajoutées à l'art. 13, et qui déterminent dans quelles formes les biens de mineurs, d'interdits, d'absens ou autres incapables, les immeubles dotaux, les biens des départemens, des communes ou établissemens publics, ceux de l'État et ceux qui font partie de la dotation de la couronne, pourront devenir l'objet de traités amiables. Nous appliquons ainsi à l'aliénation même de l'immeuble la disposition que la loi de 1833 n'appliquait qu'au réglement du prix. L'article 25 du projet de loi nous proposait déjà cette innovation; nous avons cru que sa place était en tête de l'article 13.

(Art. 14.) Dès que le préfet a transmis au procureur du roi la loi ou l'ordonnance qui autorise l'exécution des travaux et l'arrêté qui détermine les propriétés à céder dans les trois jours, le procureur du roi requiert et le tribunal prononce l'expropriation; mais il peut arriver que l'administration néglige de poursuivre l'expropriation. Il ne serait pas juste de prolonger ainsi l'interdit qui pèse sur ces propriétés; et, d'après une disposition nouvelle, si dans les six mois de l'arrêté du préfet l'administration n'a pas poursuivi l'expropriation, le propriétaire pourra présenter requête au tribunal et demander lui-même qu'il soit statué dans le délai de trois jours.

Le jugement d'expropriation commet un membre du tribunal pour remplir les fonctions attribuées au magistrat directeur du jury : le projet oblige à désigner un second membre qui puisse, au besoin, remplacer le premier. Nous avons, en outre, pour assurer dans tous les cas la marche de la procédure, pourvu au remplacement de ces deux magistrats.

Un dernier paragraphe, ajouté par le projet à l'article 14, prévoit le cas où les parties, d'accord sur la cession des immeubles à exproprier, n'auraient pu s'entendre pour en fixer le prix. Elles pourront recourir au jury sans être obligées de faire rendre un jugement d'expropriation.

Cette disposition nouvelle a été rendue nécessaire par l'induction contraire que les cours royales de Colmar et de Bordeaux avaient tirée de la loi de 1833.

(16.) Le jugement d'expropriation est publié et signifié : le projet dispose que c'est seulement après l'accomplissement de ces formalités que doit avoir lieu la transcription au bureau de la conservation des hypothèques. Tels sont les effets attribués à la transcription du jugement, qu'il a paru convenable d'en assurer préalablement, autant que possible, la publicité.

(17.) La transcription affranchit l'immeuble, sans préjudice (disait l'article 17 de la loi) du recours contre les maris, tuteurs, etc. Le projet a cru devoir, en outre, par une mention expresse, réserver les droits des femmes, mineurs et interdits, sur le montant de l'indemnité ; l'hypothèque légale, même non inscrite dans la quinzaine de la transcription, sera transportée sur le prix.

(19.) L'art. 19 de la loi avait soulevé d'assez graves difficultés : il déclarait applicables aux contrats amiables les règles posées aux deux articles précédens ; c'est-à-dire qu'il pouvait suffire, à quelque époque que les conventions eussent été passées et sans leur donner aucune publicité, de les faire transcrire pour opérer la purge.

L'administration des finances n'admettait cette purge abrégée qu'à l'égard des traités intervenus après l'accomplissement de toutes les formalités prescrites par les deux premiers titres de la loi.

L'administration des travaux publics avait cherché à compléter l'art. 19, en publiant les traités amiables de la même manière que les jugemens d'expropriation.

Quant à ce dernier usage, le projet vous propose de le sanctionner. Mais, ainsi organisé, ce mode particulier de purger les hypothèques ne s'appliquera aux contrats amiables que lorsqu'ils auront été passés postérieurement au dépôt des plans prescrit par l'article 5 (1). A cette époque, les enquêtes préalables à la déclaration d'utilité publique ont eu lieu, la loi ou l'ordonnance a été rendue, les plans parcellaires ont été publiés, l'attention générale est éveillée d'une manière suffisante ; il n'est plus à craindre que les droits des intéressés soient compromis.

Dans le droit commun chacun est libre de ne pas purger ; mais les règles de la comptabilité publique obligent l'administration à accomplir toutes les formalités sans lesquelles le paiement ne peut avoir lieu avec une entière sécurité. Cependant l'administration a demandé, et le projet lui accorde la faculté de payer, sans purger, le prix des acquisitions dont la valeur n'excède pas 500 fr. Depuis long-temps l'administration est entrée dans cette voie, et l'expérience a prouvé que l'économie qu'elle avait obtenue sur les frais de purge dépassait, dans une énorme proportion, le montant des sommes qu'elle a eu à payer deux fois.

Le jugement d'expropriation rendu, la transcription effectuée, les priviléges et hypothèques transportés de l'immeuble sur le prix, on doit pro-

(1) Cette disposition a été modifiée par la Chambre des députés.

céder à la fixation de ce prix. La loi de 1833 y pourvoit dans les trois chapitres du titre IV. Le premier est relatif aux offres que l'administration doit faire et à l'acceptation de ces offres ; le second à la formation du jury ; le troisième à la fixation des indemnités.

Pour mettre l'administration à même de notifier ses offres, la loi de 1833 oblige le propriétaire à faire connaître au magistrat directeur du jury, dans la huitaine de la signification du jugement d'expropriation, les fermiers, locataires, usufruitiers, ou ceux qui peuvent réclamer des servitudes : un avertissement collectif met les autres intéressés en demeure de se faire connaître eux-mêmes dans le même délai. L'administration doit notifier ses offres aux propriétaires, à tous les intéressés ainsi désignés ou intervenans, et de plus à tous les créanciers inscrits.

Il faut reconnaître, messieurs, que cette obligation de signifier des notifications individuelles à tous les créanciers inscrits pouvait souvent entraîner à de grandes dépenses et occasionner de longs retards. On sait à quel point la propriété est morcelée dans certaines parties de la France ; d'ailleurs, ce ne sont pas des propriétés entières qu'on est obligé d'acquérir pour les grands travaux publics, mais un nombre infini de parcelles de propriétés diverses : quelle est dès lors la complication de la procédure, si, à chacune de ces dépossessions partielles, on doit lever un état d'inscription et notifier à tous les créanciers inscrits ?

Est-ce là cependant une formalité nécessaire à la garantie des droits des créanciers?

Quelle fraude y avait-il à craindre de la part de l'État, après la publicité qui, à cette phase de la procédure, a déjà éveillé l'attention de tous ceux qui peuvent avoir un intérêt quelconque dans les travaux et les transactions qu'ils doivent faire naître?

Nous avons pensé, avec le projet, qu'il y avait là une simplification importante à introduire dans la loi. Comme tous les autres intéressés, les créanciers inscrits seront en demeure, par l'avertissement collectif énoncé par l'article 6, d'intervenir, s'ils le jugent convenable, devant le magistrat directeur du jury. A ceux-là seulement qui seront intervenus, les offres seront notifiées individuellement; pour tous les autres, il suffira d'une notification collective dans la forme de l'article 6.

Votre commission a cru devoir maintenir le délai de quinzaine que la loi accordait pour l'acceptation des offres, et auquel le projet substituait un délai de huitaine. Les parties peuvent être éloignées, et au moment où l'on supprime à leur égard l'avertissement individuel, il est convenable de leur laisser un délai suffisant pour que l'avertissement collectif puisse leur parvenir.

Une modification apportée à l'article 28 explique nettement qu'il n'y a qu'un seul et même délai de quinzaine accordé pour l'acceptation des offres, soit aux propriétaires, soit aux créanciers inscrits et à tous autres intéressés. Il ne faut pas notifier l'acceptation du propriétaire aux autres parties;

elles doivent se décider spontanément à accepter ou à refuser.

(30.) Quand il s'agit de procéder à la formation du jury, la cour royale ou le tribunal du chef-lieu judiciaire du département choisit les jurés. La loi voulait que ce choix eût lieu toutes les chambres réunies en la chambre du conseil; il en résultait que, pendant les deux mois de vacances des cours et tribunaux, époque où les travaux ont le plus d'activité, on ne pouvait obtenir la désignation d'un jury d'expropriation. Le choix sera fait désormais par la première chambre de la cour ou du tribunal, et, pendant les vacances, par la chambre des vacations. Le projet satisfait à une sage prévoyance, en énonçant qu'en cas d'abstention ou de récusation des membres du tribunal, la cour royale procédera au choix des jurés. Enfin, le projet substitue avec raison (art. 33) au tribunal d'arrondissement le magistrat directeur du jury pour compléter, en cas d'insuffisance, le nombre des seize jurés.

(39.) Le principe *non ultra petita* est un principe de droit commun, dont le jury, pas plus que toute autre juridiction, ne semblait pouvoir s'affranchir. Le contraire est cependant arrivé; de déplorables abus, qui auraient compromis l'institution du jury, si elle avait pu être compromise, ont été signalés à l'attention publique; ils ont forcé d'écrire le principe dans l'article 39. L'indemnité ne peut être supérieure à la demande de la partie intéressée, ni inférieure aux offres de l'administration. La disposition dont il s'agit n'est pas, comme on a essayé de le prouver, une atteinte au pouvoir du jury. Les offres de l'administration, comme la demande du propriétaire, sont le commencement d'un contrat auquel il ne manque plus que l'adhésion de l'un des deux contractans, et que le jury vient sanctionner.

L'administration doit prendre ses renseignemens de manière à ne point faire d'offres trop élevées; le propriétaire connaît la valeur de sa propriété; il est parfaitement à même d'en demander le juste prix. Il n'est pas à craindre que, pour éluder la loi, l'administration abaisse ses offres: le propriétaire exagérant d'un autre côté sa demande, l'administration a intérêt à marcher vite, en traitant, autant que possible, à l'amiable; le propriétaire sera retenu par la crainte d'indisposer le jury par une demande entachée de mauvaise foi, et d'encourir une condamnation aux dépens.

(43.) Aux termes de la loi de 1833, lorsqu'une décision du jury a été cassée, l'affaire doit être renvoyée devant un nouveau jury choisi dans le même arrondissement. On a demandé par le projet que, comme dans les causes criminelles, la cour de cassation, sur la réquisition des parties, et pour cause de suspicion légitime, pût, avant la formation d'un jury, renvoyer l'affaire devant un jury choisi dans un autre arrondissement.

Votre commission a préféré une rédaction qui, dans le même ordre d'idées, laisse à la cour suprême une plus grande latitude pour l'appréciation des causes qui peuvent motiver le renvoi devant le jury d'un autre arrondissement.

Des exemples, qui heureusement sont des exceptions, ont prouvé que dans certaines circonstances le jury se trouvait soumis à des influences locales qui ne permettaient pas d'obtenir justice. Il faut que la loi donne le moyen de déjouer ces influences.

Dans le chapitre III du titre IV, relatif aux règles à suivre pour la fixation des indemnités, deux modifications vous sont proposées : d'après la loi, l'État peut être obligé à acheter toute parcelle de terrain qui, par suite du morcellement, se trouve réduit au quart de la contenance totale, si toutefois le propriétaire ne possède aucun terrain immédiatement contigu, et si la parcelle ainsi réduite est inférieure à dix ares.

De ces trois conditions le projet supprime la première : il suffirait pour que l'État pût être obligé à acquérir, que la parcelle fût inférieure à dix ares et que le propriétaire ne possédât aucun terrain contigu. Votre commission a été d'avis de rétablir la première condition, en adoptant toutefois la proportion de la moitié au lieu de celle du quart (1). C'est un avantage accordé au propriétaire ; il lui suffira, pour exiger l'acquisition des fragmens de sa propriété, que chacun soit inférieur à la moitié de la contenance totale, tandis qu'auparavant il fallait qu'il fût inférieur au quart : et, d'un autre côté, cette condition était nécessaire ; le projet de

(1) Après de longs débats, la Chambre des députés en est revenue au système de la loi de 1833, dont elle a adopté textuellement la rédaction.

loi, s'il était adopté, autoriserait le propriétaire d'un terrain de onze ares à l'abandonner tout entier parce qu'on lui enlèverait un seul are.

Jusqu'à quel point doit-on prendre en considération, dans l'évaluation de l'indemnité, l'augmentation de valeur procurée par les travaux au surplus de la propriété? Cette question a été l'objet de graves débats. L'art. 51 de la loi de 1833 semblait laisser au jury la faculté de compenser, même en totalité, l'augmentation de valeur avec l'indemnité. La cour de cassation a interprété différemment cet article, et a jugé qu'il devait toujours y avoir une indemnité, quelque faible qu'elle fût. On avait songé, dès lors, à expliquer dans l'art. 51 que la compensation pouvait avoir lieu en tout ou en partie; mais la Chambre des pairs a repoussé cette proposition. Tout en reconnaissant que, dans certains cas assez rares, la compensation intégrale serait conforme aux règles de l'équité, on a craint, si on l'autorisait, de déposer dans la loi le germe d'une faculté qui pourrait devenir dangereuse. Il devra donc toujours y avoir une indemnité, que le jury, dans sa conscience, abaissera autant qu'il le jugera convenable. L'on s'est borné à modifier, dans un sens plus impératif, la rédaction de l'article 51, en disant que l'augmentation de valeur *devra* être prise en considération dans l'évaluation du montant de l'indemnité : l'article primitif disait seulement qu'elle *pourrait* être prise en considération.

Le projet de loi introduit une modification importante dans le titre VI, relatif au paiement des indemnités. Les offres réelles de l'État pourront être faites en un mandat délivré par le préfet, visé par le payeur et payable sur la caisse publique qui s'y trouvera désignée. Nous admettons cette disposition en supprimant la désignation spéciale du préfet, parce que quelque autre fonctionnaire peut être appelé à délivrer le mandat.

Nous vous proposons aussi de faire cesser l'équivoque que présentait la rédaction du deuxième paragraphe de l'art. 55.

Après avoir étudié les dispositions du projet adopté par la Chambre des pairs et porté devant vous, votre commission a cru qu'elle n'aurait pas accompli sa tâche, si elle n'examinait pas une question importante qui a donné lieu dans l'autre Chambre à de graves débats.

L'objet principal du projet primitivement présenté par le Gouvernement à la Chambre des pairs avait été certainement d'ajouter à la loi de 1833 des dispositions nouvelles qui permissent, par exception et en cas d'urgence, d'occuper, avant l'estimation définitive du jury, les propriétés dont l'expropriation avait été prononcée. La Chambre des pairs a repoussé cette innovation à une faible majorité. Il est permis de croire qu'une seconde discussion pourrait amener un résultat différent. Votre commission s'est dès lors mûrement occupée de la question. Elle a mis à profit les lumières que lui fournissaient les débats qui avaient eu lieu dans

(1) La commission proposait ces mots : *par l'autorité compétente ;* la chambre y a substitué ceux-ci : *par l'ordonnateur compétent.*

l'autre chambre ; elle a entendu M. le ministre des travaux publics, et c'est avec son adhésion qu'elle s'est décidée à reproduire dans la loi actuelle, sauf quelques modifications, la proposition primitive du Gouvernement relativement à la prise de possession antérieure au réglement de l'indemnité.

Ces exemples, dont plusieurs sont récens, ont prouvé que la résistance d'un seul propriétaire pouvait parfois paralyser l'exécution de travaux dont l'intérêt public réclamait la prompte exécution. Des traités amiables étaient obtenus sur tout une ligne ; pour une seule parcelle de terrain sans valeur, il n'avait pas été possible de traiter ; de là des retards qui faisaient perdre une campagne, à moins de se résigner à des sacrifices dont l'appât devenait un encouragement à de honteuses spéculations.

C'est dans la pensée d'obtenir une garantie contre de pareils abus que nous vous proposons de reprendre la pensée primitive du Gouvernement et d'autoriser l'envoi en possession pour cause d'urgence.

Si l'on se rend un compte exact du système général de la loi d'expropriation, il est facile de reconnaître que cette nouvelle mesure ne doit lui porter aucune atteinte. La procédure de la loi d'expropriation se divise en deux grandes périodes : la première a pour but l'expropriation proprement dite ; la seconde se rapporte à l'évaluation de l'indemnité. Quant aux garanties que la propriété trouve dans les formalités de la première période, rien n'est changé ; jusqu'au jugement d'expropriation inclusivement, toutes les dispositions sont maintenues. Il en est ainsi pour la seconde période ; nous n'enlevons aucune des garanties que la loi de 1833 a données pour un juste, impartial et complet réglement de l'indemnité.

Ainsi, remarquez-le bien, tout le monde est d'accord sur les garanties qui doivent être fournies au propriétaire pour ces deux grands intérêts : l'expropriation et la fixation de l'indemnité. Si l'on avait proposé de supprimer les formalités tutélaires qui précèdent l'expropriation ou l'intervention des tribunaux, nous nous y serions opposés : si on avait proposé de retrancher les règles salutaires qui préparent la fixation de l'indemnité ou l'intervention du jury, nous nous y serions opposés.

Mais quel est l'effet du jugement d'expropriation? Il dépouille le propriétaire de l'exercice de son droit de propriété : désormais le propriétaire ne peut plus vendre l'immeuble ; il ne peut l'affermer, puisqu'il n'a plus qu'une jouissance précaire; il ne peut même améliorer, du moins il ne le fera pas, la loi défendant de lui tenir compte des améliorations faites dans le but d'augmenter le taux de l'indemnité. Il ne peut semer, incertain qu'il est de récolter. Ainsi le jugement d'expropriation enlève au propriétaire le droit de disposer de son immeuble : ce n'est plus un immeuble qui lui appartient, c'est un droit à une indemnité, c'est une créance, et s'il retient encore la possession, c'est à titre de gage ; l'effet du jugement d'expropriation est de convertir la propriété en un gage dans les mains du propriétaire. C'est là le résultat de la première période de la procédure d'expropriation.

Le but et le résultat de la deuxième période seront le réglement de la créance par l'entremise du jury; mais des incidens plus ou moins longs peuvent retarder ce réglement; et cependant, tandis que le propriétaire n'a plus qu'un intérêt de créancier gagiste à retenir son immeuble, l'État, qui est devenu le véritable propriétaire, peut, au contraire, avoir un intérêt capital à prendre immédiatement possession et à disposer sans délai de la propriété qu'il a acquise au nom de l'utilité publique. La prise de possession préalable, moyennant consignation, concilie ce double intérêt du propriétaire et de l'État; elle assure le droit de gage, en substituant à l'immeuble une garantie équivalente. Sans léser le propriétaire, elle pourvoit à l'intérêt public, en faisant cesser l'espèce de mainmorte qui frappait l'immeuble.

Tel est, dans sa substance, le système de la prise de possession préalable; tels sont les motifs qui nous paraissent le justifier. Cependant, deux objections sont adressées à ce système : la première lui reproche de violer l'art. 9 de la Charte; la seconde de rendre impossible l'estimation de l'indemnité par le jury.

Est-il vrai qu'il soit porté atteinte au principe de la Charte qui veut une indemnité préalable à toute expropriation? Les auteurs de ce reproche sont plus préoccupés des termes mal interprétés que de l'esprit et du sens véritable de l'article 9 de la Charte. Si l'on s'en tenait à la lettre de l'article 9, il faudrait dire qu'on ne peut même pas obtenir le jugement d'expropriation sans payer une indemnité préalable : car nous avons vu que le jugement d'expropriation dépouille le propriétaire de son droit de propriété pour le transférer à l'État. Jamais cependant on n'a songé à pousser l'objection jusque là : c'est qu'on a cherché le sens de la disposition de la Charte dans les motifs mêmes qui l'ont dictée. De graves abus avaient eu lieu ; lorsqu'aucune garantie n'assurait le droit des propriétaires, ils s'étaient vus privés à la fois de leur propriété et du prix qui leur était dû. La constitution de 1791 fit droit aux justes plaintes qui s'étaient élevées. Les abus se renouvelèrent sous l'empire de la loi de 1810 : l'article 19 de cette loi permettait à l'État de s'emparer, avant même de payer aucune indemnité, des propriétés soumises à l'expropriation pour cause d'utilité publique ; cette prise de possession n'était précédée ni accompagnée d'aucune consignation ; souvent les propriétaires dépossédés exerçaient pendant long-temps un recours inutile contre l'État, et risquaient même de se trouver frappés de déchéance.

La Charte a voulu prévenir ce double danger de perdre à la fois l'immeuble et l'indemnité qui doit en être la représentation. Elle n'a pas entendu que l'indemnité serait nécessairement et littéralement mise dans les mains du propriétaire avant sa dépossession, mais que le paiement de l'indemnité serait à l'abri de tout péril. C'est par suite de cette interprétation que la loi de 1831, relative aux travaux de fortifications, a consacré le droit pour le Gouvernement de prendre possession des terrains nécessaires moyennant une simple consignation de prix : l'urgence n'aurait pu motiver aux yeux des Chambres et du Gouvernement une violation de la Charte. C'est encore dans le même sens que la loi actuelle ordonne la consignation de l'indemnité, lorsqu'après sa fixation par le jury, les ayant-droit ne sont pas en mesure de la recevoir. Toujours il a paru qu'à défaut de paiement, la consignation était une garantie qui donnait pleine satisfaction au vœu de la Charte.

La seconde objection consiste à dire que le jury n'aura plus sous les yeux les propriétés dont il devra faire l'estimation, et sera dès lors obligé de s'en rapporter aveuglément à l'évaluation qui aura précédé la prise de possession. Nous devons d'abord vous faire observer que votre commission a été d'avis de restreindre la prise de possession préalable aux terrains clos ou non clos, et d'excepter les propriétés bâties. Ainsi disparaît l'objection, quant à la classe de propriétés pour lesquelles elle pouvait avoir de la gravité. Il faut reconnaître, en effet, qu'une fois les bâtimens détruits, il eût été difficile, sinon impossible au jury, de se rendre compte de leur valeur. A l'égard des terrains, il n'en saurait être de même : ce n'est presque jamais une propriété tout entière qui est occupée pour un travail d'utilité publique ; c'est, le plus souvent, une parcelle plus ou moins restreinte de la propriété. A côté des parcelles occupées, il en reste d'autres de même nature, dont l'aspect ni la destination ne se modifient pas, et qui suffisent pour fournir les élémens d'une évaluation raisonnée. Si, par hasard, les terrains expropriés présentent quelque circonstance particulière, s'ils se trouvent couverts d'arbres qui aient une valeur importante, on fera constater l'état des lieux par une expertise, avant que les travaux ne les aient dénaturés. Dans tous les cas, on peut être certain que si, lors des opérations du jury, quelque doute existait sur le prix réel des propriétés qui auraient été détruites, le jury ne manquerait pas d'interpréter le doute en faveur de la propriété. Ainsi, les garanties que l'on a cherchées dans l'application du jury, à ces nouvelles fonctions, ne reçoivent aucune atteinte, et la mission du jury est respectée.

Nous devons maintenant vous faire connaître en peu de mots la procédure sommaire au moyen de laquelle il sera possible d'obtenir l'envoi en possession. Il est bien entendu que c'est une procédure tout-à-fait exceptionnelle; ce moyen de dépossession ne devra s'appliquer que dans certains cas particuliers et d'une urgence évidente. Nous avons voulu l'indiquer par la place même que nous donnons aux dispositions nouvelles, dans le titre VII de la loi. La déclaration d'urgence sera faite par le préfet (1) : c'est l'appréciation d'un fait d'intérêt général qui ne peut appartenir qu'à l'autorité administrative. L'urgence déclarée, il s'agit d'arbitrer la somme dont la consignation est nécessaire pour garantir le paiement de l'indemnité. Il n'est plus

(1) La Chambre a voulu l'intervention d'une ordonnance royale. V. art. 65.

question alors que d'un intérêt individuel; la justice vient naturellement remplacer l'administration : c'est le président du tribunal civil (1) qui fixera le montant de la consignation; les parties intéressées sont citées en référé devant lui. S'il croit nécessaire de constater l'état des lieux, ou s'il a besoin de renseignemens que les explications des parties ne lui ont pas fournis, il peut ordonner une expertise. On avait proposé d'adopter pour la consignation une base fixe, qu'aurait fournie l'impôt : un autre système, présenté par voie d'amendement à la Chambre des pairs, consistait à faire consigner la somme demandée par le propriétaire, quelque élevée qu'elle pût être. Votre commission ne s'est arrêtée ni à l'un ni à l'autre de ces deux systèmes : d'une part, la base fournie par l'impôt manquerait souvent d'exactitude; d'un autre côté, la somme réclamée par un propriétaire malveillant pourrait être tellement exagérée, qu'il fût impossible de consentir à en opérer la consignation, et alors la faculté de la prise de possession préalable deviendrait illusoire, la loi serait à la merci des prétentions les plus blâmables.

Il a paru plus simple et plus sûr de s'en rapporter au président du tribunal civil (2) : presque toujours il trouvera dans les nombreuses conventions amiables qui seront intervenues, les élémens

(1) La Chambre a voulu encore que le montant de la consignation fût fixé non par le président du tribunal, mais par le tribunal lui-même. V. art. 66.

(2) Lisez *au tribunal civil.*

dont il aura besoin. Le président (1) peut ordonner que, sans attendre l'estimation du jury, il sera versé effectivement entre les mains du propriétaire, après les délais de la purge, une portion de la somme consignée, portion qu'il arbitrera dans les limites des offres faites par l'administration. Sur le vu du procès-verbal de consignation, une nouvelle ordonnance prononce l'envoi en possession. La procédure ordinaire reprend ensuite son cours, le jury est appelé à statuer définitivement.

On a contesté aussi que cet envoi en possession dût procurer une économie de temps considérable. Mais en calculant rigoureusement les délais, même abrégés, de la procédure ordinaire, on a supposé qu'ils étaient invariables, et que toutes les formalités devaient toujours s'accomplir dans un certain espace de temps que rien ne pourrait étendre ; on n'a pas tenu compte de la pratique, on n'a pas songé aux incidens sans nombre par lesquels la mauvaise foi a prouvé qu'elle pouvait retarder la marche de l'expropriation.

Avec la procédure sommaire de la prise de possession préalable, les incidens deviennent impuissans : c'est la rapidité du référé substituée aux lenteurs d'une procédure ordinaire ; c'est un délai limité substitué à un délai indéfini. Il ne faudrait pas en conclure, comme on l'a fait, qu'une sorte d'intimidation doive en résulter contre quelques propriétaires : il est vrai seulement, ou du moins il y a lieu d'espérer que la spéculation déloyale sera

(1) Lisez *le tribunal*.

désarmée ; que le plus souvent, et lorsque l'intérêt privé saura que le Gouvernement a dans les mains un moyen de vaincre les résistances injustes, ces résistances disparaîtront sans qu'il soit même nécessaire de recourir à cette procédure exceptionnelle.

Nous respectons sincèrement, Messieurs, les motifs qui ont porté la majorité de la Chambre des pairs à repousser l'innovation que le Gouvernement lui avait proposée. Nous tenons comme elle pour inviolable le droit de propriété. Mais lorsqu'il est satisfait, lorsque notre loi règle avec tant de soin toutes les garanties que la constitution lui assure, nous ne croyons pas devoir sacrifier un grand et pressant intérêt public à ses exigences même les plus capricieuses et les moins légitimes. La loi, telle que nous vous proposons de la faire, protectrice scrupuleuse du droit de propriété, donnera en même temps aux travaux publics les facultés qui leur sont nécessaires pour répondre à l'activité de notre industrie et de notre commerce, pour suivre et seconder les développemens de notre civilisation.

LOI

SUR L'EXPROPRIATION

POUR CAUSE D'UTILITÉ PUBLIQUE,

SANCTIONNÉE LE 3 MAI 1841.

TITRE Ier.

Dispositions préliminaires.

Art. 1er. L'expropriation pour cause d'utilité publique s'opère par autorité de justice (1).

Art. 2. Les tribunaux ne peuvent prononcer l'expropriation qu'autant que l'utilité en a été constatée et déclarée dans les formes prescrites par la présente loi (2).

(1) D'après les principes du droit commun, la propriété est sous la sauve-garde de l'autorité judiciaire, seule compétente pour statuer sur les questions qui la concernent. Ce sont donc les tribunaux qui doivent prononcer l'expropriation ; mais c'est l'administration qui, préalablement, constate l'utilité publique, et c'est un jury spécial qui détermine le montant de l'indemnité due au propriétaire exproprié.

(2) Il faut bien distinguer la part que la loi fait à l'autorité administrative de celle qu'elle réserve à l'autorité judiciaire.

L'administration est seule juge de l'utilité des travaux

Ces formes consistent,

1° Dans la loi ou l'ordonnance royale qui autorise l'exécution des travaux pour lesquels l'expropriation est requise (1);

2° Dans l'acte du préfet qui désigne les localités ou territoires sur lesquels les travaux doivent avoir lieu, lorsque cette désignation ne résulte pas de la loi ou de l'ordonnance royale (2);

3° Dans l'arrêté ultérieur par lequel le préfet détermine les propriétés particulières auxquelles l'expropriation est applicable (3).

qui rendent l'expropriation nécessaire. Cette utilité, une fois bien constatée par elle, et déclarée dans les formes que l'article détermine, les tribunaux interviennent pour prononcer l'expropriation.

(1) Un député, M. de la Plesse, avait proposé un amendement qui aurait donné aux arrêtés des préfets le pouvoir d'autoriser l'exécution de certains travaux communaux de peu d'importance; mais cet amendement a été rejeté par la Chambre comme diminuant les garanties qu'exige l'intérêt de la propriété. (Monit. du 2 mars 1841.)

Ainsi une loi ou une ordonnance royale peut seule autoriser des travaux donnant lieu à expropriation. Toutefois l'art. 15 de la loi du 21 mai 1836 fait exception à ce principe, en matière de chemins vicinaux, comme on le verra dans nos notes sur l'art. 77.

(2) Cette désignation faite par le préfet, lorsqu'elle ne résulte pas de la loi ou de l'ordonnance qui a autorisé les travaux, est une formalité substantielle dont l'inobservation entraînerait la cassation du jugement qui aurait ensuite prononcé l'expropriation. (Arrêt de cass. du 8 janv. 1830, rapporté au Journal du Palais, t. Ier de 1836, p. 401.)

(3) Cet arrêté ultérieur du préfet est celui dont il est question dans l'art. 11.

Cette application ne peut être faite à aucune propriété particulière qu'après que les parties intéressées ont été mises en état d'y fournir leurs contredits, selon les règles exprimées au titre II (1).

Art. 3. Tous grands travaux publics, routes royales, canaux, chemins de fer, canalisation de rivières, bassins et docks, entrepris par l'État, les départemens, les communes, ou par compagnies particulières, avec ou sans péages, avec ou sans subside du trésor, avec ou sans aliénation du domaine public, ne pourront être exécutés qu'en vertu d'une loi, qui ne sera rendue qu'après une enquête administrative.

Une ordonnance royale suffira pour autoriser l'exécution des routes départementales, celle des canaux et chemins de fer d'embranchement de moins de vingt mille mètres de longueur (2),

(1) S'il arrivait qu'accessoirement à la confection d'un travail d'utilité publique, régulièrement autorisé, quelques autres travaux non expressément compris dans la déclaration d'utilité publique fussent nécessaires, soit pour terminer, soit pour compléter le travail principal, comme si, par exemple, pour l'élargissement d'une route qui traverse un ruisseau, il convenait de redresser ce ruisseau en amont et en aval du pont; ou si, après la canalisation d'une rivière, il s'agissait de construire un pont; ou bien encore si, un canal terminé, il fallait l'élargir, l'administration ne pourrait se faire envoyer en possession du terrain nécessaire à ces nouveaux ouvrages sans l'accomplissement préalable de toutes les formalités indiquées au présent article. (Arrêt de cass. du 8 avril 1835, rapporté par Dalloz, t. 35, p. 216; des 7 juin et 11 juill. 1838, rapportés au Journal du Palais, t. 2, de 1838, p. 251 et 441.)

(2) Une route départementale, eût-elle plus de vingt mille

des ponts (1) et de tous autres travaux de moindre importance (2).

mètres, pourrait être autorisée par ordonnance, car il n'est question, dans le premier paragraphe, que des routes *royales*. Les mots *moins de vingt mille mètres de longueur,* ne s'appliquent donc qu'aux canaux et aux chemins de fer d'embranchement. (V. le Moniteur du 5 mai 1840, p. 913.)

= Un canal ou un chemin de fer qui aurait plus de vingt mille mètres de longueur, mais qui ne serait pas complet par lui-même et qui ne se lierait pas à une ligne principale, ne pourrait être assimilé à un canal ou à un chemin de fer d'*embranchement,* et ne pourrait être exécuté qu'en vertu d'une loi. (Voir le Moniteur du 23 avril 1841, p. 1083.)

= S'il ne s'agissait que d'un redressement ou d'un changement de direction pour une route dont la loi aurait déjà autorisé l'existence et l'inscription au tableau des routes royales, il suffirait d'une ordonnance du roi. C'est ce que la jurisprudence avait déjà consacré, et ce qui a été très positivement reconnu lors de la discussion du présent article à la Chambre des députés. « Une loi n'est nécessaire, a dit M. Legrand, commissaire du Roi, que quand il s'agit d'une route nouvelle et non d'une route dont l'existence est reconnue et dont l'exécution est ordonnée par une loi déjà rendue. Il s'agit de pourvoir à l'accomplissement même de cette loi, et, dans ce cas, une ordonnance suffit pour autoriser les travaux qui sont la conséquence et le vœu même de la loi rendue. » (Monit. du 2 mars 1841.)

= Les communications dans les grandes villes doivent être comprises dans ce mot générique *des routes.*

(1) *Des ponts.* Ainsi, pour autoriser l'expropriation nécessaire à la construction d'un pont, il suffit d'une ordonnance royale; ce qui n'empêche pas, qu'aux termes de l'art. 10 de la loi du 21 avril 1832, il faille une *loi* spéciale pour autoriser la création d'un pont de grande dimension aux frais de l'État. (Voir M. Duvergier, *Collect. des lois,* t. 33, p. 282.)

(2) Les énonciations de ces deux premiers paragraphes

Cette ordonnance devra également être précédée d'une enquête.

ne sont pas restrictives et limitatives ; elles indiquent seulement et définissent la pensée du législateur, qui ne pouvait embrasser dans une énumération complète tous les cas d'expropriation qui peuvent se présenter. (Rapport de M. le comte Daru, Monit. du 20 avril 1841, p. 1042.)

= Lors de la discussion de la loi de 1833, à la Chambre des députés, il a été bien reconnu que toutes les fois que les travaux dont cet article s'occupe même dans son second alinéa exigeraient l'aliénation d'une portion quelconque du domaine public, il faudrait qu'une loi autorisât cette aliénation. « Ce n'est pas seulement un principe de droit privé, a « dit le président, c'est une maxime fondamentale de no- « tre droit public, qu'aucune propriété de l'État ne peut « être aliénée que par une loi. »

De même il faudrait une loi, si l'État devait concourir à la dépense des travaux ordonnés, quelle que soit la nature de ces travaux.

= Un amendement présenté à la Chambre des pairs par M. de Montalembert et reproduit à la Chambre des députés par M. Pérignon, avait pour objet d'autoriser l'État à acquérir, par les voies de l'expropriation pour cause d'utilité publique, tout monument historique et d'antiquité nationale dont la conservation péricliterait dans les mains des détenteurs.

Ces amendemens ont été rejetés ; mais il est résulté des discussions longues et animées auxquelles ils ont donné lieu, que le gouvernement pourrait, dans certains cas, et en y mettant toutefois une grande réserve, user des pouvoirs que la loi actuelle lui confère pour soustraire des monumens précieux à conserver pour l'art ou pour l'histoire, au vandalisme de leurs propriétaires.

Ainsi, sur une pressante interpellation de M. de La Grange, M. Martin (du Nord), garde des sceaux, a répondu :

Ces enquêtes auront lieu dans les formes déterminées par un réglement d'administration publique (1).

« On m'interpelle, la question est toute simple, on n'a qu'à lire l'art. 2 de la loi :

« Les tribunaux ne pourront prononcer l'expropriation « qu'autant que l'utilité en a été constatée et déclarée dans « les formes prescrites dans la présente loi. »

« Rien ne s'oppose donc, dans la loi, à ce qu'on déclare l'utilité publique de tel ou tel monument.

« Le principe doit-il être appliqué aux monumens dont a parlé l'honorable M. Pérignon? c'est une autre question : mais il est bien clair que l'utilité publique peut être déclarée relativement à ces monumens comme relativement à tous autres. — L'art. 3 est énonciatif, il n'est pas limitatif. Le reproche principal contre l'amendement de M. Pérignon, c'est son inutilité parfaite. »

Les mêmes explications ont été données à l'égard d'un autre amendement, proposé par M. Vatout, et qui avait pour objet ces constructions parasites qui obstruent les monumens historiques et les monumens d'art.

= L'ordonnance royale qui prescrit l'expropriation n'est pas susceptible d'être attaquée par la voie contentieuse. (Ordon. du 30 nov. 1830, n° 9539.)

(1) Les formalités des enquêtes sont différentes, suivant qu'il s'agit de travaux d'un intérêt purement communal ou de travaux d'un intérêt plus général.

Pour le premier cas, elles sont réglementées par l'ordonnance royale du 23 août 1835 ; et pour le second, elles le sont par celle du 18 février 1834. (Voir ces deux ordonnances, imprimées à la suite de la loi actuelle.)

Nous ferons observer, au surplus, que la direction de ces enquêtes appartient à l'administration, et que, pourvu qu'elles aient été faites, les tribunaux n'ont pas à s'enquérir de leur régularité.

TITRE II.

Des mesures d'administration relatives à l'expropriation.

Art. 4. Les ingénieurs ou autres gens de l'art chargés de l'exécution des travaux lèvent, pour la partie qui s'étend sur chaque commune, le plan parcellaire des terrains ou des édifices dont la cession leur paraît nécessaire.

Art. 5. Le plan desdites propriétés particulières, indicatif des noms de chaque propriétaire, tels qu'ils sont inscrits sur la matrice des rôles, reste déposé, pendant huit jours (1), à la mairie de la commune où les propriétés sont situées, afin que chacun puisse en prendre connaissance (2).

(1) La loi de 1833 portait 8 *jours au moins*. Les mots *au moins* ont été retranchés dans la nouvelle loi, et il a été bien entendu que ce délai de huit jours serait franc et que le jour de l'avertissement dont parle l'article suivant n'y serait pas compris. (Mon. du 2 mars 1841, p. 508.)

(2) Le plan doit donc être communiqué sans déplacement à tous ceux qui en veulent prendre connaissance.

= Lors de la discussion de la loi de 1833 à la Chambre des pairs, M. le baron Mounier présenta un amendement par lequel il demandait qu'au lieu du plan parcellaire on déposât à la mairie le tracé des travaux. Le ministre de l'intérieur répondit que dans la pratique on faisait ce que demandait M. Mounier, et l'amendement fut rejeté.

= Deux autres amendemens avaient été proposés, dont l'un voulait que les ingénieurs indiquassent la valeur des propriétés, l'autre laissait à l'administration la faculté de faire,

Art. 6. Le délai fixé à l'article précédent ne court qu'à dater de l'avertissement, qui est donné collectivement aux parties intéressées, de prendre communication du plan déposé à la mairie.

Cet avertissement est publié à son de trompe ou de caisse dans la commune, et affiché tant à la principale porte de l'église du lieu qu'à celle de la maison commune.

Il est en outre inséré dans l'un des journaux publiés dans l'arrondissement, ou, s'il n'en existe aucun, dans l'un des journaux du département (1).

Art. 7. Le maire certifie ces publications et affiches; il mentionne sur un procès-verbal qu'il ouvre à cet effet, et que les parties qui comparaissent sont requises de signer, les déclarations et réclamations qui lui ont été faites verbalement, et y annexe celles qui lui sont transmises par écrit (2).

immédiatement après les opérations des ingénieurs dont parle l'art. 5, des offres aux propriétaires. Ces amendemens ont été rejetés; mais la Chambre a reconnu à l'administration le droit de faire, dès le premier moment, des offres aux propriétaires pour éviter d'en venir aux moyens de droit.

(1) Les formes d'avertissement collectif, indiquées dans cet article, pourraient être employées, au lieu d'un avertissement individuel, lors même qu'il n'y aurait qu'une seule personne intéressée à l'expropriation. (Arrêt de cass. du 14 avril 1840. Journal du Palais, t. 1 de 1840, p. 525.)

= Si l'avertissement n'a pas été publié, affiché et inséré au journal le même jour, ce sera à partir du dernier jour que courra le délai. (Mon. du 23 avril, p. 1083).

(2) Ce procès-verbal doit être ensuite envoyé par le maire au sous-préfet.

Art. 8. A l'expiration du délai de huitaine prescrit par l'article 5, une commission se réunit au chef-lieu de la sous-préfecture.

Cette commission, présidée par le sous-préfet de l'arrondissement, sera composée de quatre membres du conseil général du département ou du conseil de l'arrondissement désignés par le préfet, du maire de la commune où les propriétés sont situées, et de l'un des ingénieurs chargés de l'exécution des travaux (1).

La commission ne peut délibérer valablement qu'autant que cinq de ses membres au moins sont présens.

Dans le cas où le nombre des membres présens serait de six, et où il y aurait partage d'opinions, la voix du président sera prépondérante (2).

Les propriétaires qu'il s'agit d'exproprier ne peuvent être appelés à faire partie de la commission (3).

(1) Si les propriétés étaient situées sur deux communes, il ne faudrait pas que les deux maires fissent ensemble partie de la commission, qui alors se trouverait composée de huit membres, au lieu de sept. Une telle irrégularité entraînerait la nullité de l'enquête et la cassation du jugement rendu plus tard. (Arrêt de cass. du 6 janv. 1836. Journal du Palais, t. I de 1836, p. 401.) La commission doit faire autant d'opérations séparées qu'il y a de communes sur lesquelles s'étendent les travaux. (Delalleau, n° 406.)

(2) Ce paragraphe et le précédent n'existaient pas dans la loi de 1833.

(3) On avait proposé d'ajouter : *leurs pères, fils ou frères et alliés au même degré*. Cette proposition n'a pas été accueillie. = La commission instituée dans cet article a pour but

Art. 9. La commission reçoit pendant huit jours les observations des propriétaires.

Elle les appelle toutes les fois qu'elle le juge convenable (1). Elle donne son avis.

Ses opérations doivent être terminées dans le délai de dix jours (2) ; après quoi le procès-verbal

d'entendre les réclamations des propriétaires, de les examiner au point de vue des questions d'art, d'économie politique ou d'intérêt local qu'elles peuvent soulever, et de transmettre, sur leur mérite, un avis éclairé et raisonné à l'administration.

= Lors de la discussion de cet article à la Chambre des députés, M. Renouard proposa un amendement qui donnait le pouvoir à la commission de déléguer un ou plusieurs de ses membres pour recevoir les observations écrites ou orales qui lui seraient adressées.

Cet amendement a été rejeté comme inutile, le droit pour la commission de déléguer quelques uns de ses membres ne paraissant pas pouvoir lui être contesté. « Il y a un membre délégué naturellement pour recevoir toutes les observations, a dit le rapporteur, c'est le sous-préfet ; le sous-préfet qui est le président de la commission et qui est toujours présent dans le lieu où la commission tient ses séances. Il peut recevoir à tout moment les observations qu'on veut lui adresser. »

= Par un autre amendement, M. Persil demandait que dans le cas où il y aurait partage d'opinions, l'opinion de la minorité fût consignée au procès-verbal. Cet amendement a également été rejeté par le motif qu'il était inutile, et que ce qu'il avait pour objet de prescrire était de droit. (Monit. du 2 mars 1841, p. 509.)

(1) *Toutes les fois qu'elle le juge convenable.* Ainsi elle n'est pas obligée à les appeler.

(2) Le délai était d'un mois sous la loi du 7 juillet 1833, et

est adressé immédiatement par le sous-préfet au préfet.

Dans le cas où lesdites opérations n'auraient pas été mises à fin dans le délai ci-dessus, le sous-préfet devra, dans les trois jours, transmettre au préfet son procès-verbal (1) et les documens recueillis (2).

Art. 10. Si la commission propose quelque changement au tracé indiqué par les ingénieurs, le sous-préfet devra, dans la forme indiquée par

jusqu'au dernier jour les propriétaires pouvaient transmettre leurs observations, de sorte qu'il ne restait plus à la commission le temps de rédiger son avis. Afin de remédier à cet inconvénient, la loi nouvelle, en réduisant à 10 jours le délai dans lequel les opérations de la commission doivent être terminées, ne donne aux propriétaires que huit jours pour présenter leurs observations.

(1) *Son procès-verbal.* On pourrait voir ici une amphibologie et se demander s'il s'agit du procès-verbal de la commission ou de celui du sous-préfet. Il a été expliqué, lors de la discussion, qu'il était question du procès-verbal du sous-préfet, dans lequel celui-ci devait constater que la commission, quoique composée, n'avait pas terminé ses opérations. (Mon. du 2 mars 1841.)

(2) Il résulte de la discussion de la loi de 1833 à la Chambre des députés qu'il a été dans l'intention de ses auteurs de donner à la commission, dans la limite de ses attributions, les pouvoirs les plus discrétionnaires et les plus étendus. Ainsi elle peut critiquer le plan qui lui est présenté, y proposer des changemens, et, même, appeler les propriétaires sur lesquels le nouveau tracé, indiqué par elle, ferait déverser l'expropriation.

Elle peut aussi examiner de nouveau les réclamations qui déjà ont été soumises au maire, en vertu de l'art. 7.

l'art. 6, en donner immédiatement avis aux propriétaires que ces changemens pourront intéresser (1). Pendant huitaine, à dater de cet avertissement, le procès-verbal et les pièces resteront déposés à la sous-préfecture; les parties intéressées pourront en prendre communication sans déplacement et sans frais, et fournir leurs observations écrites.

Dans les trois jours suivans, le sous-préfet transmettra toutes les pièces à la préfecture.

Art. 11. Sur le vu du procès-verbal et des documens y annexés, le préfet détermine, par un

(1) La raison qui a empêché la commission de la Chambre des députés, à laquelle, après de longues discussions, la rédaction de cet article avait été renvoyée, de déterminer le délai dans lequel l'avis doit être donné par le sous-préfet aux nouveaux propriétaires menacés d'expropriation, est, qu'ainsi que l'a fait observer le rapporteur, l'avertissement doit être inséré dans l'un des journaux de l'arrondissement où sont situés les biens, et que dans plusieurs chefs-lieux de sous-préfecture, les journaux ne paraissent pas tous les jours; d'où suit que le délai qu'on aurait fixé aurait pu se trouver trop long pour certains cas, et trop court pour certains autres. Mais il ne faut pas oublier que le délai doit être donné *immédiatement*, c'est-à-dire dans le plus court délai possible.

= Plusieurs députés avaient demandé que l'avis, au lieu d'être collectif, fût individuel. Mais le rapporteur de la commission a encore fait observer que si l'avis était individuel, il pourrait être donné à différens jours pour différens propriétaires, et qu'il en résulterait que le délai de huitaine fixé pour la durée du dépôt des pièces à la sous-préfecture, et qui devait dater du jour de cet avertissement, ne serait pas uniforme et le même pour tous les propriétaires.

arrêté motivé, les propriétés qui doivent être cédées, et indique l'époque à laquelle il sera nécessaire d'en prendre possession (1). Toutefois, dans le cas où il résulterait de l'avis de la commission qu'il y aurait lieu de modifier le tracé des travaux ordonnés, le préfet surseoira jusqu'à ce qu'il ait été prononcé par l'administration supérieure (2).

L'administration supérieure pourra, suivant les circonstances, ou statuer définitivement, ou ordonner qu'il soit procédé de nouveau à tout ou partie des formalités prescrites par les articles précédens (3).

(1) Un arrêt de la Cour suprême du 31 décembre 1838 (Journal du Palais, t. I de 1839, p. 5) a cassé la décision d'un jury qui avait fixé pour la prise de possession des terrains expropriés une époque autre que celle déterminée par l'arrêté du préfet.

(2) *Par l'administration supérieure*, c'est-à-dire, par le ministre.

Si donc la commission consultative propose des changemens à faire au tracé, le préfet n'est pas juge de l'importance de ces changemens et doit en référer au ministre. Dans tous les autres cas, il a droit de prendre un arrêté définitif.

= Il est évident que si les travaux s'étendent sur plusieurs départemens, il doit y avoir une décision par chaque département.

(3) La loi de 1833 portait : « La décision de l'administration supérieure sera définitive et sans recours au conseil « d'état. »

C'était un non-sens ; car une décision de ce genre n'ayant rien de contentieux, ne peut jamais être déférée au conseil d'état. Voilà pourquoi les mots *sans recours au conseil d'état* ont été supprimés dans la nouvelle rédaction de l'art. 11.

Art. 12. Les dispositions des art. 8, 9 et 10 ne sont point applicables au cas où l'expropriation serait demandée par une commune, et dans un intérêt purement communal, non plus qu'aux travaux d'ouverture ou de redressement des chemins vicinaux (1).

Dans ce cas, le procès-verbal prescrit par l'art. 7 est transmis, avec l'avis du conseil municipal (2), par le maire au sous-préfet, qui l'adressera au préfet avec ses observations.

Le préfet, en conseil de préfecture (3), sur le vu de

Quant à l'expression *définitivement* q i a été conservée, il a été bien expliqué qu'elle ne devrait pas être entendue en ce sens que si l'administration n'ordonne pas une nouvelle enquête et statue *définitivement*, puis que, plus tard, elle reconnaisse une meilleure direction, elle ne puisse pas changer le tracé. (Monit. du 2 mars 1841, p. 511.)

(1) *Non plus qu'aux travaux d'ouverture et de redressement de chemins vicinaux.* Ces mots ont été ajoutés à la loi de 1833 pour faire cesser une divergence qui s'était élevée dans la jurisprudence de la Cour de cassation sur la question de savoir si la commission instituée par l'art. 8 de la loi du 7 juill. 1833 devait être convoquée lorsqu'il s'agissait de l'application de la loi du 21 mai 1836 relative aux chemins vicinaux. Lors de la dernière discussion du projet de loi à la Chambre des pairs, M. Laplagne-Barris proposa de distinguer les chemins vicinaux de grande communication de ceux dits de petite communication, et d'affranchir ces derniers seulement des formalités de la commission d'enquête. Après de longs et vifs débats, l'amendement fut rejeté. (Monit. des 23 et 24 avril 1841.)

(2) Le conseil municipal remplace ici la commission dont il est question aux articles précédens.

(3) Il ne faut pas confondre le conseil de préfecture, présidé par le préfet, avec le préfet en conseil de préfecture. Le

ce procès-verbal, et sauf l'approbation de l'administration supérieure (1), prononcera comme il est dit en l'article précédent.

TITRE III.

De l'expropriation et de ses suites, quant aux priviléges, hypothèques et autres droits réels (2).

Art. 13. Si des biens de mineurs, d'interdits, d'absens, ou autres incapables, sont compris dans les plans déposés en vertu de l'art. 5, ou dans les modifications admises par l'administration supérieure, aux termes de l'art. 11 de la présente loi, les tuteurs, ceux qui ont été envoyés en possession

préfet en conseil de préfecture décide seul, les conseillers de préfecture ne l'assistent que pour lui communiquer leur avis, et n'ont point voix délibérative.

(1) L'approbation de l'autorité supérieure n'est point nécessaire, aux termes de la loi de 1836, lorsqu'il s'agit de chemins vicinaux.

Il a été bien entendu, lors de la dernière discussion de la loi actuelle à la Chambre des pairs, que ces mots de l'art. 12; *sauf l'approbation de l'autorité supérieure,* ne pouvaient s'entendre que de l'approbation de l'autorité supérieure dans les cas prévus par les lois et réglemens. (Monit. du 24 avril 1841, p. 1100.)

(2) Nous allons entrer dans une nouvelle phase.

L'administration a constaté l'utilité publique des travaux qui rendent l'expropriation nécessaire; elle a désigné les propriétés qui doivent la subir : il s'agit maintenant de sauvegarder tous les droits qui reposent sur ces propriétés, et ici commence la mission de l'autorité judiciaire.

provisoire, et tous représentans des incapables, peuvent, après autorisation du tribunal donnée sur simple requête, en la chambre du conseil, le ministère public entendu, consentir amiablement à l'aliénation desdits biens (1).

Le tribunal ordonne les mesures de conservation ou de remploi qu'il juge nécessaires.

Ces dispositions sont applicables aux immeubles dotaux et aux majorats (2).

Les préfets pourront, dans le même cas, alié-

(1) Un député, M. Couturier, avait proposé d'indiquer dans ce premier paragraphe qu'à l'égard des biens appartenant à des mineurs et interdits, les tuteurs devraient, avant de se pourvoir devant le tribunal pour obtenir l'autorisation, être munis d'une délibération du conseil de famille.

Cet amendement n'a pas été appuyé. « Ce n'est pas une aliénation volontaire, a dit M. Dessaigne; c'est une aliénation forcée. »

(2) *Et aux majorats.* Ces derniers mots ont été ajoutés par la Chambre des députés au projet de la commission, malgré la vive opposition du rapporteur qui faisait observer, peut-être avec assez de raison, que pour l'aliénation d'un majorat deux intérêts devaient concourir : l'intérêt du grevé, et l'intérêt de l'appelé; qu'il faudrait alors déterminer dans quelles formes l'autorisation du tribunal devrait être demandée et quelle procédure on devrait faire; qu'enfin c'était s'engager dans une difficulté inutile, vu que les biens composant les majorats étaient assez rares pour que l'on pût, quant à ce qui les concernait, se passer de l'aliénation volontaire et s'en tenir à l'aliénation forcée.

La Chambre a pensé que les intérêts de l'appelé étaient suffisamment sauvegardés par les mesures de conservation et de remploi que, dans le second paragraphe de l'article, le tribunal est appelé à ordonner. (Monit. du 3 mars 1841.)

ner les biens des départemens, s'ils y sont autorisés par délibération du conseil général; les maires ou administrateurs pourront aliéner les biens des communes ou établissemens publics, s'ils y sont autorisés par délibération du conseil municipal ou du conseil d'administration, approuvée par le préfet en conseil de préfecture.

Le ministre des finances peut consentir à l'aliénation des biens de l'État, ou de ceux qui font partie de la dotation de la couronne, sur la proposition de l'intendant de la liste civile.

A défaut de conventions amiables, soit avec les propriétaires des terrains ou bâtimens dont la cession est reconnue nécessaire, soit avec ceux qui les représentent, le préfet transmet au procureur du roi dans le ressort duquel les biens sont situés la loi ou l'ordonnance qui autorise l'exécution des travaux, et l'arrêté mentionné en l'article 11 (1).

Art. 14. Dans les trois jours, et sur la production des pièces constatant que les formalités prescrites par l'art. 2 du titre Ier, et par le titre II de la présente loi, ont été remplies, le procureur du roi requiert et le tribunal prononce l'expropriation, pour cause d'utilité publique, des terrains ou bâtimens indiqués dans l'arrêté du préfet (2).

(1) Ce dernier paragraphe faisait seul partie de la loi de 1833; tous les précédens ont été ajoutés à l'art. 13 par la Chambre des députés sur la proposition de sa commission, lors de la discussion de la loi actuelle. (V. le Monit. du 3 mars 1841.)

(2) La discussion de ce premier paragraphe a soulevé

Si, dans l'année de l'arrêté du préfet, l'adminis-

de longs et graves débats. On s'est demandé d'abord quelle serait l'étendue des pouvoirs confiés à l'autorité judiciaire.

La loi de 1810 donnait aux tribunaux le droit de vérifier si toutes les formalités prescrites par la loi avaient été observées. Lors de la discussion de la loi de 1833, la Chambre des députés ne voulait d'abord leur accorder qu'un simple acte d'*exequatur*. Ils n'auraient eu d'autre droit que celui de viser les pièces produites, sans pouvoir en apprécier la régularité ; mais après deux jours de discussion à la Chambre des pairs, on en revint au principe de la loi de 1810, et le paragraphe fut rédigé tel qu'il est encore aujourd'hui.

Sans doute le tribunal n'aura pas droit de critique sur les actes émanant de l'administration ; sans doute ces actes feront foi pour lui de leur contenu, jusqu'à inscription de faux ; mais il vérifiera si les pièces administratives qui lui seront produites constatent l'accomplissement de toutes les formalités prescrites, et, dans le cas où quelques unes d'entre elles lui paraîtraient avoir été omises, il devrait, non pas annuler l'arrêté du préfet, telle n'est pas sa mission, mais refuser de prononcer l'expropriation ; dire, par exemple, qu'attendu que les pièces produites ne constatent pas que telles et telles formalités ont été remplies, il n'y a pas lieu à prononcer l'expropriation des terrains appartenant à tel ou tel propriétaire. « S'il y a eu erreur, négligence, disait M. Villemain à la Chambre des pairs, toujours dans la discussion de la loi de 1833, il faut que le tribunal s'arrête, et qu'en s'arrêtant il donne lieu à l'administration de s'apercevoir de son erreur. L'administration sera-t-elle entravée ? Non ; elle sera seulement avertie. »

= Lors de la discussion de la loi actuelle à la Chambre des députés, de nouveaux débats s'élevèrent à l'occasion d'un amendement proposé par M. Renouard, et ayant pour objet d'ajouter à la fin du premier paragraphe de l'art. 14 ces mots : *Sans qu'il soit besoin d'appeler en cause les propriétaires, dont les biens sont sujets à expropriation.*

tration n'a pas poursuivi l'expropriation, tout pro-

Déjà l'inutilité de cet appel en cause avait été consacrée par trois arrêts de la Cour de cassation ; et si l'amendement de M. Renouard ne fut point appuyé, au moins fut-il bien entendu et bien clairement exprimé que c'était uniquement parce que le principe qu'il voulait sanctionner était de plein droit et ne pouvait donner lieu à contestation.

Mais si les parties ne sont point appelées en cause, ne peuvent-elles pas, au moins, intervenir d'elles-mêmes pour signaler au tribunal les irrégularités et les vices de l'instruction administrative, et lui fournir toutes les notes et observations qu'elles croient propres à l'éclairer sur ce point ?

Oui sans doute, et cela est encore bien clairement résulté de la discussion ; seulement on a trouvé quelque inconvénient à écrire dans la loi ce mot *intervenir*, parce qu'il pourrait faire supposer une procédure, et qu'il est dans l'esprit de la loi d'exclure toute plaidoirie, tout litige, en un mot, tout ce qui pourrait retarder l'expropriation. (*Monit.* du 3 mars 1841.)

= Il est indispensable que le jugement qui déclare que les formalités prescrites ont été remplies porte avec lui la preuve de l'exactitude de cette déclaration. Cela a été jugé par un arrêt de la cour suprême du 1er juillet 1834 (Journal du Palais, t. 3, de 1834), lequel a cassé un jugement du tribunal civil de Montbrison, qui, sans constater en fait aucune production de pièces, énonçait simplement qu'il avait été rendu sur l'exposé fait au tribunal par le procureur du roi.

= Un autre jugement contenait cette mention. « *Vu les pièces au nombre de neuf, transmises par le préfet au ministère public, et constatant que les formalités exigées par la loi ont été remplies.* » La Cour de cassation a rejeté le pourvoi formé contre ce jugement, et déclaré qu'il satisfaisait suffisamment aux prescriptions de la loi. Toutefois elle a exprimé le regret de ce qu'au lieu de viser ainsi collectivement et en

priétaire dont les terrains (1) sont compris audit arrêté peut présenter requête au tribunal. Cette requête sera communiquée par le procureur du roi au préfet, qui devra, dans le plus bref délai, envoyer les pièces, et le tribunal statuera dans les trois jours (2).

Le même jugement commet un des membres du tribunal pour remplir les fonctions attribuées, par le titre IV, chapitre II, au magistrat directeur du jury chargé de fixer l'indemnité, et désigne un autre membre pour le remplacer au besoin.

En cas d'absence ou d'empêchement de ces deux magistrats, il sera pourvu à leur remplacement

masse les pièces produites, le tribunal n'ait pas énoncé particulièrement le caractère de chacune d'elles. (Arrêt du 11 mai 1835. Journal du Palais, t. 3, de 1835, p. 119.)

Enfin, il a été jugé par arrêt de la Cour de cassation du 26 décemb. 1834, rapporté par M. Dalloz 1835-1-112, que les affaires d'expropriation étaient urgentes et devaient être jugées comme telles.

= Le jugement doit indiquer la contenance des terrains expropriés et l'époque à laquelle l'administration en prendra possession. La loi n'exige pas que les pièces sur lesquelles il est rendu y demeurent annexées ; mais il est utile qu'il en soit ainsi. (Voy. MM. Delalleau, Trait. de l'exp. pour util. pub., n°s 610, 611 et 613, et Dalloz, Rec. alph., t. 11, p. 443.)

(1) *Dont les terrains* ou bâtimens, cela a été bien expliqué lors de la discussion de l'art. 14 à la Chambre des députés. (*Mon.* du 3 mars 1841.)

(2) Le motif de ce paragraphe ajouté à la loi de 1833 sur la proposition de la commission de la Chambre des députés a été d'empêcher que des propriétaires, dont les biens se

par une ordonnance sur requête du président du tribunal civil.

Dans le cas où les propriétaires à exproprier consentiraient à la cession, mais où il n'y aurait point accord sur le prix, le tribunal donnera acte du consentement et désignera le magistrat directeur du jury, sans qu'il soit besoin de rendre le jugement d'expropriation, ni de s'assurer que les formalités prescrites par le titre II ont été remplies.

Art. 15. Le jugement est publié et affiché, par extrait, dans la commune de la situation des biens, de la manière indiquée en l'art. 6. Il est en outre inséré dans l'un des journaux publiés dans l'arrondissement, ou, s'il n'en existe aucun, dans l'un de ceux du département.

Cet extrait, contenant les noms des propriétaires, les motifs et le dispositif du jugement, leur est notifié au domicile qu'ils auront élu dans l'arrondissement de la situation des biens, par une

trouveraient par l'arrêté du préfet frappés d'une sorte de main-mise, ne fussent exposés à demeurer dans cet état précaire, si préjudiciable à leurs intérêts, aussi long-temps qu'il pourrait convenir à l'administration de les y faire rester. (*Monit.* du 3 mars 1841.)

Il faudra au bout d'un an, ou que le préfet consente l'annulation de son arrêté, ou que l'expropriation soit prononcée; et, une fois l'expropriation prononcée, l'art. 55 ne donne à l'administration que six mois pour faire régler l'indemnité, et six autres mois pour en effectuer le paiement. (Voy. cet art.)

déclaration faite à la mairie de la commune où les biens sont situés ; et, dans le cas où cette élection de domicile n'aurait pas eu lieu, la notification de l'extrait sera faite en double copie au maire et au fermier, locataire, gardien ou régisseur de la propriété (1).

Toutes les autres notifications prescrites par la présente loi seront faites dans la forme ci-dessus indiquée (2).

(1) Ainsi l'administration n'a pas à s'occuper de la résidence réelle des propriétaires qu'elle exproprie. C'est à ceux-ci, s'ils ne veulent pas confier à leurs fermiers, locataires, gardiens ou régisseurs le soin de défendre leurs intérêts et de répondre aux notifications qui doivent leur être faites, à élire domicile chez une personne qui ait leur confiance et qui habite l'arrondissement de la situation des biens soumis à l'expropriation.

(2) L'art. 1033 du Code de procédure, qui porte que le jour de la signification ni celui de l'échéance ne sont jamais comptés pour le délai général fixé pour les ajournemens, citations, etc., et que ce délai doit être augmenté d'un jour à raison de trois myriamètres de distance..., est-il applicable en matière d'expropriation pour cause d'utilité publique? La négative résulte très formellement des explications données à la Chambre des députés par le rapporteur de la commission, lors de la discussion de la loi de 1833.

Depuis, cependant, la Cour de cassation paraît avoir jugé le contraire. (Voy. notre 2e note sur l'art. 42.)

= Si toutes les formalités prescrites par l'art. 15 n'étaient pas remplies, si le jugement n'était pas affiché, publié et inséré dans un des journaux de l'arrondissement ou du département, la notification ne serait pas considérée comme complète et ne ferait pas courir les délais du pourvoi. (Arrêt de

Art. 16. Le jugement sera, immédiatement après l'accomplissement des formalités prescrites par l'art. 15 de la présente loi, transcrit au bureau de la conservation des hypothèques de l'arrondissement, conformément à l'art. 2181 du Code civil (1).

cassation du 1er juillet 1834. *Journal du Palais,* t. 3, de 1834, p. 582.)

Cette notification est de rigueur et ne pourrait être suppléée, ni par la remise d'un extrait du jugement au maire de la commune de l'exproprié, ni par l'attestation du maire portant qu'il a fait afficher cet extrait et qu'il l'a notifié à l'exproprié, ni enfin par la preuve que l'exproprié a eu connaissance du jugement. (Arrêt de cassation du 28 janvier 1834. *Journal du Pal.*, t. 2, de 1834, p. 109.)

(1) L'art. 2181 du Code civil est ainsi conçu : « Les con-« trats translatifs de propriété d'immeubles ou droits réels « immobiliers, que les tiers détenteurs voudront purger de « priviléges et hypothèques, seront transcrits en entier par « le conservateur des hypothèques dans l'arrondissement « duquel les biens sont situés. Cette transcription se fera sur « un registre à ce destiné, et le conservateur sera tenu d'en « donner reconnaissance au requérant. »

L'art. 834 du Code de procédure, comme l'art. 17 de notre loi, exige que les hypothèques soient inscrites au plus tard dans la quinzaine de la transcription.

= La Chambre des pairs avait ainsi commencé l'art. 16 : « *Le jugement d'expropriation,* » etc. Ce dernier mot *d'expropriation* a été retranché par la Chambre des députés sur l'observation faite par le rapporteur de la commission, que la formalité de la transcription serait applicable aussi bien au jugement qui donnerait acte à l'administration de la cession amiable faite par les propriétaires, qu'à celui qui prononcerait l'expropriation. (*Monit.* du 3 mars 1841, p. 520.)

Art. 17. Dans la quinzaine de la transcription, les priviléges et les hypothèques conventionnelles, judiciaires ou légales, seront inscrits (1).

A défaut d'inscription dans ce délai, l'immeuble exproprié sera affranchi de tous priviléges et hypothèques, de quelque nature qu'ils soient, sans préjudice des droits des femmes, mineurs et interdits, sur le montant de l'indemnité, tant qu'elle n'a pas été payée ou que l'ordre n'a pas été réglé définitivement entre les créanciers (2).

(1) Le mode d'inscription des hypothèques légales est réglé par l'art. 2153 du Code civil.

Dans le droit commun, le délai pour inscrire les hypothèques légales dure deux mois et ne commence à courir que du jour où la copie du contrat translatif de propriété a été déposée conformément à l'art. 2194 du Code civil; mais, ainsi que l'a fait justement observer le rapporteur de la commission à la Chambre des députés, lors de la discussion de la loi de 1833, « La matière des expropriations pour cause d'utilité publique n'est pas une matière ordinaire, et si le propriétaire peut être contraint à céder une propriété que dans toute autre circonstance rien ne pourrait lui enlever, pourquoi, de leur côté, les hypothèques légales conserveraient-elles, au détriment de la chose publique, tous leurs priviléges? Pourquoi la loi s'attacherait-elle au maintien rigoureux de formalités et de lenteurs dont l'expérience a si fréquemment d'ailleurs justifié l'inutilité? » (Séance du 26 février 1833.)

(2) La dernière partie de ce paragraphe a été ajoutée à la loi de 1833 par la Chambre des pairs sur l'observation faite par M. Persil, qu'il était juste que, tant que le prix était dû par l'administration, la femme ou le mineur, dont l'hypothèque était perdue sur l'immeuble, par la faute du mari

Les créanciers inscrits n'auront, dans aucun cas, la faculté de surenchérir, mais ils pourront exiger que l'indemnité soit fixée conformément au titre IV (1).

Art. 18. Les actions en résolution, en revendication, et toutes autres actions réelles, ne pourront arrêter l'expropriation, ni en empêcher l'effet. Le droit des réclamans sera transporté sur le prix, et l'immeuble en demeurera affranchi (2).

ou tuteur, pût encore exercer ses droits sur ce prix. (Séance du 7 mai 1840.)

(1) La surenchère a pour objet de faire porter l'immeuble à sa véritable valeur. Le même but est rempli par les règles indiquées au titre 4, pour le réglement de l'indemnité.

(Voy. le tarif du 18 septembre 1833, art. 2, n° 5.)

(2) Cet article concilie d'une manière heureuse le besoin qu'a l'administration de devenir le plus tôt possible propriétaire incommutable de l'immeuble à exproprier, avec la conservation de tous les droits existans sur ce bien, et qui, après l'expropriation, se trouveront transportés sur une indemnité dont chaque intéressé pourra concourir à faire fixer le montant.

= Le jugement d'expropriation transmet à l'État la propriété des biens désignés, et la possession seulement reste à l'exproprié pour lui assurer le paiement de l'indemnité. Il suit de là qu'après le jugement d'expropriation, l'exproprié ne peut plus accorder d'hypothèque sur le bien qui en a été l'objet, et que, s'il venait à mourir avant d'avoir reçu l'indemnité, il ne laisserait à ses héritiers qu'une action mobilière en paiement d'une somme d'argent.

De son côté l'État, devenu propriétaire incommutable, ne pourrait obliger l'exproprié à reprendre son bien, si, par

Art. 19. Les règles posées dans le premier paragraphe de l'art. 15 et dans les art. 16, 17 et 18, sont applicables dans le cas de conventions amiables passées entre l'administration et le propriétaire (1).

suite de quelque événement ultérieur, la cession lui devenait inutile. (Voy. Delalleau, n° 651 et suiv.; Favard de Langlade, v° Exprop. pour cause d'util. publ., n° 7; et Dalloz, Recueil alphab., t. 11, p. 444.)

(1) A quel moment les conventions amiables dont il est ici question devront-elles être intervenues? Chaque fois que l'art. 19 a été discuté devant les Chambres, cette question a été soulevée et a excité de vifs débats.

La Chambre des pairs voulait d'abord que les conventions amiables ne profitassent du mode exceptionnel autorisé pour la purge des hypothèques par les art. 16, 17 et 18, qu'autant qu'elles auraient été passées postérieurement au dépôt des plans parcellaires prescrit par l'art. 5. Mais, devant la Chambre des députés, le commissaire du roi fit observer que, le plus souvent, dans le cas de conventions amiables, l'administration se dispensait de lever et de déposer des plans parcellaires. On supprima alors les derniers mots ajoutés par la Chambre des pairs au premier paragraphe de l'art. 19, et qui étaient ceux-ci : *Postérieurement au dépôt des plans prescrit par l'art. 5 de la présente loi.* Lorsque le projet de loi amendé par la Chambre des députés revint devant la Chambre des pairs, la commission demanda qu'au moins les art. 16, 17 et 18, ne s'appliquassent qu'aux contrats passés postérieurement à l'accomplissement des formalités prescrites par le titre Ier; mais ce nouvel amendement parut inutile, vu qu'en fait, l'État, les départemens et les communes ne peuvent acquérir des terrains que pour des travaux déjà autorisés et que les compagnies ne peuvent procéder qu'en vertu du titre de leur concession, c'est-à-dire qu'en vertu de l'article qui les a déjà autorisées à exécuter le

Cependant l'administration peut, sauf les droits des tiers, et sans accomplir les formalités ci-dessus tracées, payer le prix des acquisitions dont la valeur ne s'élèverait pas au-dessus de 500 fr. (1).

Le défaut d'accomplissement des formalités de la purge des hypothèques n'empêche pas l'expropriation d'avoir son cours; sauf, pour les parties intéressées, à faire valoir leurs droits ultérieure-

travail d'utilité publique auquel elles consacrent leurs capitaux. (*Mon.* du 24 avril 1841, p. 1100.)

(1) Ainsi les contrats amiables doivent être transcrits aussi bien que les jugemens d'expropriation, à moins que leur prix ne soit inférieur à 500 fr.; cas auquel la purge est facultative, tant à leur égard qu'à l'égard des jugemens d'expropriation. (*Mon.* du 8 mai 1840.)

= La commission de la Chambre des pairs avait proposé sur ce dernier paragraphe un amendement qui avait pour objet de refuser aux compagnies concessionnaires de travaux publics la faculté, accordée à l'administration, de payer, sans purge, les réquisitions dont la valeur n'excède pas 500 fr.

On disait en faveur de cet amendement que la position des créanciers n'était pas la même lorsqu'ils avaient affaire à l'État ou à des compagnies; que l'État était toujours solvable et offrait toujours aux créanciers non payés un recours assuré, tandis que des compagnies pouvaient tomber en déconfiture et disparaître après avoir bouleversé les terrains, abattu les arbres ou démoli les maisons qui étaient le gage de ces mêmes créanciers.

On a répondu que, dans le droit commun, les créanciers n'avaient pas d'autres garanties contre les acquéreurs qui ne purgeaient pas; que c'était à eux à surveiller leur gage, et,

ment, dans les formes déterminées par le titre IV de la présente loi (1).

Art. 20 Le jugement ne pourra être attaqué que par la voie du recours en cassation (2), et seulement pour incompétence (3), excès de pouvoir (4) ou vices de forme du jugement (5).

Le pourvoi aura lieu, au plus tard, dans les trois jours, à dater de la notification du jugement, par déclaration au greffe du tribunal (6).

si on voulait commencer les travaux avant qu'ils ne fussent payés, à se présenter et à empêcher la prise de possession.

(1) On ne voit pas, en effet, pourquoi le défaut de transcription pourrait empêcher l'expropriation d'avoir son cours. Il aurait seulement pour conséquence d'exposer l'administration à payer deux fois. Quant aux créanciers, ils restent dans les termes du droit commun.

(2) Ainsi il ne pourra être attaqué ni par opposition, ni par appel, ni par tierce-opposition, ni par requête civile.

(3) Il y aurait *incompétence* dans un jugement d'expropriation, si, par exemple, il avait été rendu par un tribunal autre que celui dans le ressort duquel les biens sont situés. (Art. 13.)

(4) Il y aurait *excès de pouvoir* si le jugement envoyait l'administration en possession de terrains non indiqués dans l'arrêté du préfet, ou s'il lui refusait des terrains désignés dans cet arrêté.

(5) Ce serait pour le jugement un *vice de forme*, s'il n'avait pas été rendu par le nombre de juges prescrit, ou si le procureur du roi n'avait pas été entendu. (Art. 14.)

Dans le droit commun toute violation de la loi peut donner ouverture à cassation.

(6) Le délai ordinaire du pourvoi en cassation en matière civile est de trois mois. Ici il aura lieu, *au plus tard*,

Il sera notifié dans la huitaine, soit à la partie, au domicile indiqué par l'art. 15, soit au préfet ou au maire, suivant la nature des travaux; le tout à peine de déchéance.

Dans la quinzaine de la notification du pourvoi, les pièces seront adressées à la chambre civile de la Cour de cassation, qui statuera dans le mois suivant (1).

L'arrêt, s'il est rendu par défaut à l'expiration de ce délai, ne sera pas susceptible d'opposition (2).

dans les trois jours. Ces mots *au plus tard* ont été ajoutés à la loi de 1833 pour indiquer que le pourvoi pourrait être formé même avant la notification.

(1) Dans les affaires civiles ordinaires, le pourvoi n'est porté devant la chambre civile de la Cour de cassation qu'après avoir été préalablement admis par la section des requêtes; mais cela aurait entraîné des lenteurs qu'on voulait éviter.

= Il est demeuré du reste bien entendu que le défaut d'envoi des pièces dans la quinzaine n'entraînerait pas déchéance du pourvoi; seulement l'arrêt serait rendu par défaut comme il est dit dans le dernier paragraphe.

(2) Le droit de se pourvoir contre le jugement appartient non seulement au propriétaire et à l'administration, mais aussi aux créanciers et à toutes autres parties intéressées. (Argument des art. 1166 et 1167 du Code civil.)

= Dans aucun cas le pourvoi n'est suspensif et ne peut entraver l'exécution du jugement; seulement il pourrait y avoir lieu à des dommages-intérêts envers le propriétaire exproprié, si, après avoir été exécuté, le jugement venait à être cassé. (Séance du 3 février 1833.)

Il a été jugé par arrêt de la Cour de cassation du 1er juil-

TITRE IV.

Du réglement des indemnités.

CHAPITRE Ier.

Mesures préparatoires.

Art. 21 Dans la huitaine qui suit la notification prescrite par l'art. 15, le propriétaire est tenu d'appeler (1) et de faire connaître à l'administration (2) les fermiers, locataires (3), ceux qui ont des droits d'usufruit, d'habitation ou d'usage (4), tels qu'ils sont réglés par le Code civil (5), et ceux

let 1834 qu'en matière d'expropriation, la déclaration du pourvoi n'avait pas besoin, comme en matière ordinaire, d'être accompagnée de l'exposé des moyens de cassation. (*Journal du Pal.*, t. 3, de 1834, p. 582.)

Voyez les art. 1er, n° 2, et 2, n° 1, du tarif.

(1) *D'appeler* par le ministère, soit d'un huissier, soit de tout autre agent de l'administration dont les procès-verbaux puissent faire foi en justice (art. 57), et au domicile élu conformément aux dispositions de l'art. 15.

(2) A l'*administration*, ou à la compagnie concessionnaire, si les travaux sont exécutés par une compagnie. (Art. 63.)

(3) Les fermiers, locataires ont droit à une indemnité distincte. (Voy. art. 39.)

(4) Les droits d'usufruit, d'usage et habitation sont définis par les art. 578, 630 et 632 du Code civil.

(5) Outre les droits d'usage dont s'occupe le Code civil, et qui ne sont autre chose à peu près que des droits d'usufruit,

qui peuvent réclamer des servitudes résultant des titres mêmes du propriétaire ou d'autres actes dans lesquels il serait intervenu (1) ; sinon il restera seul chargé envers eux des indemnités que ces derniers pourront réclamer.

Les autres intéressés (2) seront en demeure de faire valoir leurs droits par l'avertissement énoncé en l'art. 6, et tenus de se faire connaître à l'administration dans le même délai de huitaine, à

il en est d'autres, tels que ceux de pâturage, panage, glandée, etc., qui s'exercent dans les prés, les bois, les marais, et pour lesquels il y aurait de graves inconvéniens à ce que les propriétaires fussent obligés d'appeler, devant le juge-commissaire, tous ceux qui peuvent y avoir droit.

Ces derniers rentrent dans la classe des autres intéressés dont il est question dans le deuxième paragraphe de l'article qui nous occupe, et ils doivent se présenter d'eux-mêmes au directeur du jury.

(1) Et non les servitudes qui seraient acquises par prescription, parce que, comme l'a dit avec raison M. Legrand à la Chambre des pairs, le propriétaire peut en ignorer l'existence, et cette ignorance ne peut devenir contre lui l'occasion d'un recours.

(2) *Autres intéressés.* Lors de la discussion à la Chambre des pairs de l'art. 23 de la loi actuelle, il a été reconnu que par cette expression *autres intéressés,* il ne fallait pas entendre les créanciers qui, tant que leur titre n'est pas purgé, conservent leurs droits.

Du reste, l'article comprend ici tous ceux qui, ayant des droits à la propriété, sont préjudiciés en quelque manière que ce soit par l'expropriation, et ont par conséquent intérêt au réglement de l'indemnité.

Comme ils n'ont que huit jours après la signification du jugement pour se faire connaître, il leur importe, dès qu'ils sont avertis des projets d'expropriation, de se tenir au courant des phases de la procédure.

défaut de quoi ils seront déchus de tous droits à l'indemnité (1).

Art. 22. Les dispositions de la présente loi relatives aux propriétaires et à leurs créanciers sont applicables à l'usufruitier et à ses créanciers.

Art. 23. L'administration notifie (2) aux propriétaires et à tous les autres intéressés (3) qui auront été désignés ou qui seront intervenus dans le délai fixé par l'art. 21, les sommes qu'elle offre pour indemnité (4).

(1) *De tous droits à l'indemnité* envers l'État, mais non pas envers le propriétaire ; c'est du moins ce qui résulte de la discussion qui a eu lieu aux Chambres législatives. (Voir MM. Gillon et Stourm, Code des municipalités, 1re liv., p. 92.)

(2) Voir les art. 15 et 57 de la loi actuelle, 1re et 29 du tarif.

(3) Suivant la loi de 1833, la notification devait être faite aussi aux créanciers inscrits, mais cette mesure entraînait des frais et des délais considérables.

De la nouvelle rédaction de l'article, et surtout des explications qui ont été données devant la Chambre des pairs, dans la séance du 7 mai 1840, il faut conclure que les créanciers ne sont pas compris dans cette expression, *tous autres intéressés*.

(4) Ainsi que nous l'avons dit dans nos notes sur l'art. 5, l'administration peut, dès le premier moment, faire des offres aux propriétaires ; mais ces offres sont facultatives, et si elle n'en fait pas, aucun reproche ne peut lui être adressé ; comme aussi, si elle en fait, et si les propriétaires ne les acceptent pas, il n'en résulte rien contre eux. Mais, au point où nous sommes arrivés, les offres deviennent obligatoires pour l'administration, et nous verrons dans les art. 40 et 41 que si ces offres sont plus tard jugées suffisantes, et que les

Ces offres sont, en outre, affichées et publiées conformément à l'art. 6 de la présente loi (1).

propriétaires les aient refusées, il en pourra résulter contre ceux-ci une condamnation de dépens.

(1) La commission de la Chambre des pairs avait proposé par amendement, sur cet article, un troisième paragraphe ainsi conçu : « Les prix stipulés dans les contrats amiables « seront notifiés aux créanciers et à tous autres intéressés qui « seront intervenus. »

Cet amendement a été rejeté, mais il a provoqué des explications qu'il importe de recueillir : « Les droits des créanciers sont parfaitement couverts, a dit le garde des sceaux. En effet, de deux choses l'une, ou l'on purgera, ou l'on ne purgera pas : si l'on a recours aux formalités de la purge, elles sont de nature à garantir les droits des créanciers ; si l'on n'y a pas recours leurs droits sont entiers, leur hypothèque n'a pas été détruite, ils peuvent toujours faire valoir leurs titres. »

« Les réflexions de M. le garde des sceaux, a dit à son tour M. Persil, me porteront à voter contre l'article de la commission. J'avais cru, et je vois que je m'étais trompé, que dans l'art. 23 il s'agissait de purger l'hypothèque ; mais, dans le cours de la discussion, j'ai parfaitement compris, et je remercie M. le garde des sceaux de l'avoir si nettement établi, j'ai compris que ces notifications à faire aux parties intervenantes n'avaient pour objet, ni de purger la propriété, ni d'effacer l'hypothèque. J'en prends acte, et je suis complètement rassuré dans l'intérêt des créanciers.

« Les créanciers auxquels on n'aura pas fait de notification resteront dans la même situation. Ils n'auront pas le droit de surenchérir. La loi ne l'aurait pas dit, que ce droit n'aurait pas pu exister ; mais ils conservent le droit de faire faire l'estimation par le jury. Je comprends que dès que l'art. 23 n'a pas pour objet de rendre irrévocable la fixation du prix, je n'ai pas besoin de me préoccuper des intérêts des

Art. 24. Dans la quinzaine suivante, les propriétaires et autres intéressés sont tenus de déclarer leur acceptation, ou, s'ils n'acceptent pas les offres qui leur sont faites, d'indiquer le montant de leurs prétentions (1).

Art. 25. Les femmes mariées sous le régime dotal, assistées de leurs maris, les tuteurs, ceux qui ont été envoyés en possession provisoire des biens

créanciers, puisque la loi y a pourvu. » (*Mon.* du 8 mai 1840, p. 959.)

(1) On s'est demandé comment, dans un délai aussi court, les propriétaires et autres intéressés pourraient apprécier la suffisance des offres qui leur sont faites et fixer le montant de leurs prétentions? Mais d'abord les intéressés n'ont pas besoin de se réunir et de s'entendre pour accepter en commun les offres de l'administration ou exprimer en commun le montant de leurs prétentions : car l'administration doit diviser ses offres et mettre chacun à même de stipuler pour son compte. Ainsi, l'un peut accepter et l'autre refuser. Les frais restent à la charge de celui qui refuse, si son refus n'est pas fondé. (Voir la discussion des Chambres sur la loi de 1833, rapportée par M. Duvergier, t. 33, p. 294.) D'un autre côté, pour baser ses offres, l'administration aura bien été obligée de faire procéder à une estimation, et, lors de cette opération préliminaire, les propriétaires auront nécessairement été appelés. Le projet de loi prescrivait une expertise. La Chambre des pairs, tout en repoussant cette disposition, a reconnu la nécessité d'une estimation préalable des indemnités et même d'une estimation contradictoire. (Voyez Delalleau, traité de l'Expropriation pour cause d'utilité publique, pag. 148 et suiv.)

= Si les propriétaires gardaient le silence, ce silence équivaudrait à un refus. (Voir le dernier paragraphe de l'art. 40.)

d'un absent, et autres personnes qui représentent les incapables peuvent valablement accepter les offres énoncées en l'art. 23 (1), s'ils y sont autorisés dans les formes prescrites par l'art. 13.

Art. 26. Le ministre des finances, les préfets, maires ou administrateurs, peuvent accepter les offres d'indemnité pour expropriation des biens appartenant à l'État, à la Couronne, aux départemens, communes ou établissemens publics, dans les formes et avec les autorisations prescrites par l'art. 13.

Art. 27. Le délai de quinzaine, fixé par l'art. 24, sera d'un mois dans les cas prévus par les art. 25 et 26 (2).

Art. 28. Si les offres (3) de l'administration ne sont pas acceptées dans les délais prescrits par les articles 24 et 27, l'administration citera devant le jury qui sera convoqué à cet effet, les propriétaires, et tous autres intéressés qui auront été désignés, ou qui seront intervenus, pour qu'il soit procédé au réglement des indemnités de la manière indiquée au chapitre suivant. La citation contiendra l'énonciation des offres qui auront été refusées.

(1) *Énoncées en l'art.* 23. Ces derniers mots ont été ajoutés pour exprimer que les femmes mariées, tuteurs, etc., ne pourraient, avant le jugement d'expropriation, consentir la cession amiable de leurs terrains ni accepter les offres qui leur seraient faites.

(2) Ainsi les maris, tuteurs et autres représentans des incapables auront un mois, au lieu de quinze jours, pour déclarer leur acceptation, ou s'ils n'acceptent pas les offres qui leur sont faites, pour indiquer le montant de leurs prétentions.

(3) *Si les offres.* Toujours les offres énoncées en l'art. 23.

CHAPITRE II.

Du jury spécial chargé de régler les indemnités (1).

Art. 29. Dans sa session annuelle, le conseil général du département désigne, pour chaque arrondissement de sous-préfecture, tant sur la liste des électeurs que sur la seconde partie de la liste du jury, trente-six personnes au moins, et soixante-douze au plus, qui ont leur domicile réel (2) dans l'arrondissement, parmi lesquelles sont choisis, jusqu'à la session suivante ordinaire du conseil général, les membres du jury spécial appelé, le

(1) Cette institution d'un jury spécial pour fixer le montant des indemnités, constitue la principale innovation apportée par la loi de 1833 à la législation antérieure.

La loi du 16 septembre 1807, la première qui ait déterminé avec quelque soin les formalités à suivre, en matière d'expropriation, avait confié à l'administration la triple mission de déclarer l'utilité publique, de prononcer l'expropriation et de fixer l'indemnité après expertise. Par la loi du 8 mars 1810, l'administration conserva le pouvoir de déclarer l'utilité publique; celui de prononcer l'expropriation et de fixer l'indemnité fut transféré aux tribunaux. Aujourd'hui la déclaration d'utilité publique émane soit du pouvoir législatif pour les travaux les plus importans, soit du pouvoir exécutif pour les travaux secondaires; les tribunaux prononcent l'expropriation, et, enfin, un jury spécial fixe le montant de l'indemnité.

(2) Le domicile réel d'un français est le lieu où il a son principal établissement. (Voy. les art. 102 et suiv. du Code civil.)

cas échéant, à régler les indemnités dues par suite d'expropriation pour cause d'utilité publique.

Le nombre des jurés désignés pour le département de la Seine sera de 600.

Art. 30. Toutes les fois qu'il y a lieu de recourir à un jury spécial, la première chambre de la Cour royale, dans les départemens qui sont le siége d'une Cour royale, et, dans les autres départemens, la première chambre du tribunal du chef-lieu judiciaire, choisit (1) en la chambre du conseil, sur la liste dressée en vertu de l'article précédent pour l'arrondissement dans lequel ont lieu les expropriations, seize personnes qui formeront le jury spécial chargé de fixer définitivement le montant de l'indemnité, et, en outre, quatre jurés supplémentaires ; pendant les vacances, ce choix est déféré à la chambre de la cour ou du tribunal chargée du service des vacations. En cas d'abstention ou de récusation des membres du tribunal, le choix du jury est déféré à la Cour royale (2).

(1) *Choisit.* Ainsi ce n'est pas, comme en matière criminelle, le sort qui désigne les jurés. La cour ou le tribunal choisira les plus capables suivant la nature des terrains qui seront à estimer et ceux dont la résidence sera la plus rapprochée du lieu des travaux.

(2) Les cours ou tribunaux n'exercent pas ici un pouvoir juridictionnel, il ne leur appartient donc pas, quant à présent, d'examiner les actes de la procédure et de s'informer si toutes les formalités voulues par la loi ont été remplies.

C'est ce qu'avait décidé la Cour de cassation sous l'empire de la loi de 1833, et ce qu'a reconnu la Chambre des députés lors de la discussion de la loi actuelle, en repoussant comme inutile un amendement de M. de Golbéry qui avait été

Ne peuvent être choisis :

1° Les propriétaires, fermiers, locataires des terrains et bâtimens désignés en l'arrêté du préfet pris en vertu de l'art. 11, et qui restent à acquérir (1);

formulé ainsi : « La désignation du jury ne pourra être différée pour le motif que les notifications aux créanciers « inscrits ne sont pas régulières. » (*Mon.* du 4 mars 1841, p. 526.)

(1) *Et qui restent à acquérir.* Mais ceux dont les terrains sont déjà acquis par suite de conventions amiables avec l'administration pourraient faire partie du jury. Cela a été formellement reconnu à la Chambre des pairs, lors de la discussion de la loi de 1833.

On y a également déclaré que les propriétaires dont les terrains auraient été compris dans le plan parcellaire dont parle l'art. 4, mais qui ne seraient point désignés dans l'arrêté du préfet dont il est question à l'article 11, n'ayant point à redouter l'expropriation, seraient aptes à exercer les fonctions de juré. (Voy. Duvergier, t. 33, p. 296.)

Enfin on avait proposé de comprendre dans les exclusions les pères, fils et frères des parties intéressées, ceux qui pourraient avoir des rapports d'intérêt avec le concessionnaire des travaux et, enfin, toutes les personnes reprochables d'après le Code de procédure; mais il a été répondu que si on étendait ainsi les exclusions on courrait le risque de ne plus trouver un nombre suffisant de jurés. (Voy. Duverg. *loc. cit.* et le Mon. du 4 mars 1841, p. 527.)

= Si, par erreur, une des personnes désignées comme devant être exclues se trouvait comprise sur la liste, cette erreur pourrait être réparée par le magistrat directeur du jury, comme nous le verrons dans le dernier paragraphe de l'article 42 ou par la partie elle-même, moyennant le droit de récusation que lui confère l'art. 34. Enfin, si elle ne l'était

2° Les créanciers ayant inscription sur lesdits immeubles;

3° Tous autres intéressés désignés ou intervenant en vertu des art. 21 et 22.

Les septuagénaires seront dispensés, s'ils le requièrent, des fonctions de juré (1).

Art. 31. La liste des seize jurés et des quatre jurés supplémentaires est transmise par le préfet au sous-préfet, qui, après s'être concerté avec le magistrat directeur du jury, convoque les jurés et les parties, en leur indiquant, au moins huit jours à l'avance, le lieu et le jour de la réunion (2).

pas, elle donnerait lieu à cassation aux termes de l'art. 42 qui modifie, sur ce point, la loi de 1833.

(1) Cette dernière disposition pourrait, dans son exécution, présenter des difficultés; car les septuagénaires ne seront pas présens lorsqu'ils seront désignés par le tribunal ou par la cour pour faire partie du jury d'expropriation et, dès lors, ils ne pourront requérir immédiatemment leur exemption; mais cette objection ayant été présentée à la Chambre des députés par M. de Golbéry, il y a été répondu que les septuagénaires, qui ne l'auraient pas fait plus tôt, pourraient encore se faire rayer de la liste, par le magistrat directeur du jury, en vertu des pouvoirs conférés à ce magistrat par l'art. 32.

C'est dans ce sens que doit être entendu le dernier paragraphe de l'art. 30. (Voy. le *Mon.* du 4 mars 1841, p. 527.)

(2) Le lieu de la réunion devra être, autant que possible, celui où sont situées les propriétés à évaluer. Cela résulte de l'opinion émise par le ministre de l'intérieur, lors de la discussion de la loi de 1833, et aussi de l'art. 16 du tarif du 18 septembre 1833, qui suppose que les assises spéciales peuvent se tenir ailleurs que dans la ville où siége le tribunal et

La notification aux parties leur fait connaître les noms des jurés (1).

qui alloue, pour ce cas, une indemnité au directeur du jury et au greffier.

(1) Afin qu'elles puissent vérifier si elles ont intérêt à exercer des récusations.

= Il semble résulter des termes de cet article 31 que, contrairement à ce qui se pratique en matière criminelle, toutes les parties intéressées au réglement des diverses indemnités, sur lesquelles le jury aura à statuer dans le cours de sa session, devront être convoquées pour le premier jour de la réunion du jury. Si ce mode est suivi et que le jury soit appelé à prononcer sur un grand nombre d'affaires, les parties devront rester plusieurs jours devant lui, en atttendant qu'il puisse prononcer sur l'affaire qui les concerne, à moins que le magistrat directeur ne les congédie en leur indiquant le jour auquel elles devront revenir. C'est sans doute ce que l'on fera d'abord ; mais quand le magistrat directeur connaîtra assez la durée probable de chaque affaire pour pouvoir déterminer à l'avance le jour où chacune d'elles devra venir, il sera mieux d'indiquer, dans chaque assignation, et le jour de la première réunion du jury, et celui où sera jugée l'affaire qui intéresse l'assigné. (Delalleau, traité de l'exp.... p. 358.)

= Si la convocation notifiée à l'un des jurés désignait, par erreur, un jour autre que celui fixé pour la réunion du jury ; ou bien si la notification faite à l'un des jurés indiquait un autre domicile que le sien, cette irrégularité infirmerait la décision du jury et donnerait ouverture à cassation. Ainsi jugé, pour le premier cas, par un arrêt de cassation du 23 juin 1840, et, pour le second, par deux arrêts de la même cour du 20 juillet même année. « Attendu, portent ces der-« niers arrêts, que si le seul effet de l'irrégularité d'une as-« signation délivrée à un juré était de faire appeler, suivant « l'ordre d'inscription, un juré qui, au cas où celui qui a

Art. 32. Tout juré qui, sans motifs légitimes, manque à l'une des séances ou refuse de prendre part à la délibération, encourt une amende de 100 fr. au moins et de 300 fr. au plus (1).

L'amende est prononcée par le magistrat directeur du jury.

Il statue en dernier ressort sur l'opposition qui serait formée par le juré condamné.

Il prononce également sur les causes d'empêchement que les jurés proposent, ainsi que sur les exclusions ou incompatibilités dont les causes ne seraient survenues ou n'auraient été connues que postérieurement à la désignation faite en vertu de l'art. 30 (2).

« été mal assigné eût été présent, ne serait pas entré dans « la composition du jury, il dépendrait de la partie chargée « de délivrer l'assignation d'écarter, indirectement, un juré, « sans recourir au mode de récusation dont la loi a tracé les règles. (Journal du Palais, t. 2, de 1840, p. 470).

(1) Il importe de remarquer que l'amende de 100 à 300 fr. doit être prononcée contre celui qui manque à *l'une des séances*, ou refuse de prendre part à *l'une des délibérations*. Ainsi, le juré qui manquerait à toutes les séances d'une session un peu longue, pourrait encourir un grand nombre de condamnations à l'amende. S'il en était autrement, tout juré qui, ayant manqué à une séance, aurait été condamné à l'amende, n'aurait plus aucun intérêt à prendre part aux autres opérations de la session. (Delalleau, p. 362.)

(2) Le projet de loi contenait un dernier paragraphe ainsi conçu : « Tout juré qui saura cause de récusation en sa per- « sonne, sera tenu de le déclarer au magistrat directeur, qui « décidera s'il doit s'abstenir. » La commission de la Chambre des pairs voulait qu'à ces mots : *cause de récusation*, on substituât ceux-ci : *une des causes d'incomptabilité énoncées*

Art. 33. Ceux des jurés qui se trouvent rayés de la liste par suite des empêchemens, exclusions ou incompatibilités prévus à l'article précédent, sont immédiatement remplacés par les jurés supplémentaires, que le magistrat directeur du jury appelle dans l'ordre de leur inscription (1). En cas d'insuffisance, le magistrat directeur du jury

dans l'art. 30. Enfin, M. Persil et le garde des sceaux demandaient qu'on ajoutât *et de récusation établies par la loi.*

Cette dernière rédaction eût donné accès à toutes les causes de récusation indiquées dans l'art. 378 du Code de procédure, pour les juges en matière civile, et détruit le système de la loi de 1833, lors de la discussion de laquelle il avait été bien entendu que les récusations péremptoires dont parle l'art. 34 seraient seules admises. Ces considérations ont fait rejeter le dernier paragraphe du projet, et l'art. 32 est demeuré ce qu'il était dans la loi de 1833. (Voir le *Monit.* du 9 mai 1840).

(1) « On a demandé, dit M. Delalleau (p. 363), si le juré suppléant devait occuper, sur la liste, la place du juré excusé; il nous semble que le juré suppléant doit être inscrit le dernier sur la liste des jurés titulaires. Sans cela, un juré suppléant pourrait être appelé à prendre connaissance des affaires, tandis que des jurés titulaires, non exemptés ni récusés, n'en connaîtraient pas, ce qui serait contraire à leur qualité de suppléant, et n'a pu avoir été dans l'intention du législateur. »

Nous partageons l'opinion de M. Delalleau, mais nous ferons observer que si un juré supplémentaire, au lieu d'être inscrit le dernier sur la liste, y était porté à la place du juré remplacé, il n'y aurait point là matière à cassation et la décision du jury n'en serait pas moins valable. C'est ce qui a été jugé par arrêt de la Cour de cassation du 9 mai 1834. (Journ. du Pal., t. 1er, de 1835, p. 173.)

choisit (1), sur la liste dressée en vertu de l'art. 29, les personnes nécessaires pour compléter le nombre de seize jurés.

Art. 34. Le magistrat directeur du jury est assisté, auprès du jury spécial, du greffier ou commis-greffier du tribunal, qui appelle successivement les causes sur lesquelles le jury doit statuer, et tient procès-verbal des opérations (2).

Lors de l'appel, l'administration a le droit d'exercer deux récusations péremptoires (3); la partie adverse a le même droit.

Dans le cas où plusieurs intéressés figurent dans la même affaire, ils s'entendent pour l'exercice du droit de récusation, sinon le sort désigne ceux qui doivent en user (4).

Si le droit de récusation n'est point exercé, ou s'il ne l'est que partiellement, le magistrat directeur du jury procède à la réduction des jurés au

(1) Suivant la loi du 7 juillet 1833, le directeur du jury était obligé d'en référer au tribunal qui choisissait, sur la liste, les personnes nécessaires pour compléter le jury.

(2) *Procès-verbal des opérations.* Pour constater si toutes les formalités prescrites par la loi ont été exactement remplies et s'il n'y a pas matière à cassation. Une partie qui s'apercevrait d'une irrégularité dont elle voudrait se prévaloir pour faire casser la décision du jury, devrait la faire constater sur le procès-verbal.

(3) *Deux récusations péremptoires.* On appelle *récusations péremptoires,* celles qu'on n'a pas besoin de motiver.

(4) Si pourtant il n'y avait que deux intéressés, il ne serait pas besoin de recourir à la voie du sort, chacun exercerait une récusation.

nombre de douze, en retranchant les derniers noms inscrits sur la liste (1).

Art. 35. Le jury spécial n'est constitué que lorsque les douze jurés sont présens.

Les jurés ne peuvent délibérer valablement qu'au nombre de neuf au moins (2).

(1) Il semble résulter des termes de cet article, que ce n'est point un seul jury, composé des douze mêmes personnes, qui doit prononcer sur toutes les affaires de la session ; mais que le jury doit être organisé spécialement pour chacune des affaires qui lui sont soumises, ou, en d'autres termes, pour chaque propriété qui a été expropriée et est à évaluer.

C'est, en effet, à l'appel de chaque cause que l'administration et *la partie adverse* exercent leurs récusations, et ce n'est qu'autant que plusieurs intéressés figurent *dans la même affaire*, qu'ils doivent s'entendre pour l'exercice de leur droit de récusation. (Voir M. Cotelle, cours de droit administratif, t. 1, p. 308 ; M. Delalleau, traité de l'expropriation pour utilité publique, p. 367 ; et MM. Gillon et Stourm, Code des municipalités, p. 128.)

(2) Ainsi il faut, pour que le jury puisse entrer en fonctions, qu'il soit composé de douze membres ; mais si, pendant l'instruction d'une affaire, ce nombre se trouve diminué, tant qu'il restera neuf membres en état de délibérer, les opérations pourront être continuées.

Un arrêt de la Cour de cassation, du 6 décembre 1837, a annulé la décision d'un jury au bas de laquelle se trouvait la signature d'un individu non désigné par le sort pour y concourir, et à laquelle il manquait la signature d'un des douze jurés désignés pour le composer.

= Lorsque deux jurys distincts ont été constitués pour connaître séparément de deux séries d'indemnités, chacun d'eux doit procéder séparément sur les affaires dont il est

Art. 36. Lorsque le jury est constitué (1), chaque juré prête serment de remplir ses fonctions avec impartialité (2).

Art. 37. Le magistrat directeur (3) met sous les yeux du jury,

saisi, lors même que les deux jurys seraient, en grande partie, composés des mêmes membres.

C'est ce qu'a décidé la Cour de cassation, par arrêt du 22 juin 1840, en déclarant nulle une décision du jury de Schélestadt, dont le procès-verbal constatait que, quoique constitués en deux jurys distincts, les jurés, qui, sauf un seul d'entre eux, étaient les mêmes, avaient procédé simultanément à la visite des lieux et à l'examen de toutes les affaires dont chacun de ces jurys était chargé. (Voir cet arrêt rapporté au Journal du Palais, t. 2 de 1840, p. 468.)

(1) Comme le jury doit se constituer pour chaque cause, il faudra que pour chaque cause aussi il y ait serment prêté.

(2) La loi n'a pas indiqué le mode et la formule du serment, et il a été jugé par la Cour de cassation que, l'observation rigoureuse des formalités prescrites par le Code d'instruction criminelle n'étant pas exigée en matière d'expropriation, il suffisait que le procès-verbal constatât que chacun des jurés, appelé individuellement, avait dit, en levant la main : *Je le jure*, pour que le serment parût avoir été régulièrement prêté. (Arrêt du 9 mai 1834, *Journal du Pal.*, t. 61, p. 173.) = Ce même arrêt a décidé que les jurés pouvaient, sans être censés avoir commencé leurs opérations, et avant de prêter serment, demander que les lieux fussent visités par un tiers, et même par l'un d'eux. Mais si, avant d'avoir prêté serment, les jurés se transportaient sur les lieux, et si cette visite, ainsi faite par eux, devenait l'un des élémens de leur décision il y aurait lieu à en prononcer l'annulation. (Arrêt du 26 septembre 1834, Dalloz 1835, p. 112.)

(3) Le magistrat directeur a la police de l'audience. Il ré-

1° Le tableau des offres et demandes notifiées en exécution des art. 23 et 24 ;

2° Les plans parcellaires et les titres ou autres documens produits par les parties, à l'appui de leurs offres et demandes (1).

sulterait d'un discours prononcé à la Chambre des députés, par M. Dubois d'Angers, qu'il a le même pouvoir discrétionnaire que les présidens de Cours d'assises. Cela peut être vrai quant à ce qu'il dirige les débats et peut prendre l'initiative des mesures qu'il juge nécessaires pour procurer aux jurés les moyens d'éclairer leur opinion ; mais, outre qu'il ne peut rien faire sans le consentement du jury, la loi ne lui accorde pas les moyens de coërcition dont l'art. 269 du Code d'instruction criminelle a armé les présidens de Cours d'assises. Ainsi nous ne pensons pas, par exemple, qu'il puisse décerner un mandat d'amener contre un témoin récalcitrant.

Si, toutefois, pendant les opérations du jury, l'ordre était troublé, le magistrat directeur pourrait, sans aucun doute, employer les moyens de répression que les art. 88 et suivans du Code de procédure mettent à la disposition de tous les magistrats qui agissent en vertu de la délégation d'un tribunal. Il pourrait faire sortir de l'audience les perturbateurs, et même, en cas de résistance, les faire retenir en prison pendant vingt-quatre heures.

(1) Avant la remise de ces pièces aux jurés, les parties doivent se les être respectivement communiquées, ou la communication en est faite à l'instant même. (Delalleau, p. 372.)

= L'art. 16 de la loi du 8 mars 1810 indique spécialement, comme devant être pris en considération pour la fixation des indemnités, *les baux actuels, les contrats de vente passés antérieurement et néanmoins aux époques les plus récentes, soit des mêmes fonds, soit des fonds voisins et de même qualité*,

Les parties (1) ou leurs fondés de pouvoir peuvent présenter sommairement leurs observations (2).

Le jury pourra entendre toutes les personnes qu'il croira pouvoir l'éclairer.

Il pourra également se transporter sur les lieux, ou déléguer à cet effet un ou plusieurs de ses membres (3).

ainsi que les matrices de rôle des contributions..... Ce sont là effectivement les principaux *titres et documens* qui doivent être produits par les parties à l'appui de leurs offres et demandes.

(1) L'administration est elle-même *partie*. Cela a été expressément reconnu.

(2) Ainsi des plaidoiries peuvent avoir lieu devant les jurys spéciaux d'évaluation ; seulement ces plaidoiries doivent être a ssi brèves que possible.

(3) Lorsqu'un homme de l'art a été commis par le jury à l'effet d'assister et d'éclairer le juré délégué pour visiter les lieux, il n'est pas nécessaire que cet homme de l'art dresse un rapport. C'est ce qu'a jugé la Cour de cassation par un arrêt du 9 mai 1834.

On lit dans les motifs de cet arrêt : « Attendu qu'il résulte de la discussion de la loi (du 7 juillet 1833) que l'intention du législateur a été d'interdire au jury de prescrire « une expertise proprement dite ; que c'est par ce motif sans « doute que le sieur Picard n'a été commis que pour assister « et éclairer le juré délégué, dans l'opération dont celui-ci « se trouvait seul chargé, ainsi que cela résulte du procès-« verbal même ; que, d'ailleurs, on ne saurait fonder la cas-« sation sur l'absence d'un rapport particulier de la part du « sieur Picard, puisque la nécessité d'un tel rapport n'est « prescrite par aucun des articles de la loi rappelés dans « l'art. 42, » etc. (*Journal du Pal.*, t. 61, p. 173.)

La discussion est publique (1); elle peut être continuée à une autre séance (2).

Art. 38. La clôture de l'instruction est prononcée par le magistrat directeur du jury (3).

(1) Il a été suffisamment satisfait à cette condition de publicité lorsque le jugement énonce qu'après le rapport *publiquement fait à l'audience*, il a été prononcé *à l'audience publique de la chambre du conseil.* (Arrêt de cassation du 6 janvier 1836, *Journal du Pal.*, t. 64, p. 401.) Ou bien lorsqu'il énonce simplement *qu'il a été procédé en séance publique.* On dirait vainement alors que la salle était trop exiguë pour permettre au public de s'y introduire. (Arrêt du 13 janvier 1840, *Journal du Pal.*, t. 1er, de 1840, p. 54.)

= Le même arrêt a décidé qu'il n'y avait pas nullité en ce que la réunion du jury, indiquée dans l'acte de convocation comme devant avoir lieu dans la salle des audiences du tribunal civil, au Palais-de-Justice, avait été tenue, non dans cette salle, occupée momentanément pour l'audience des criées, mais dans un autre local (par exemple, dans celui destiné à la chambre des notaires), le procès-verbal constatant en fait que le jury s'était assemblé dans une salle du tribunal.

= Jugé encore par arrêt de cassation du 25 février de la même année (*Journal du Pal.*, même vol., p. 233), qu'il n'y avait également pas nullité dans une espèce où les jurés paraissaient avoir délibéré dans la salle d'audience comme étant plus convenable, alors que le procès-verbal constatait que le public, le magistrat directeur et le greffier s'étaient retirés pendant cette délibération.

(2) Il a été entendu lors de la discussion de la loi de 1833 à la Chambre des députés, qu'en général les règles tracées pour le jury par le Code d'instruction criminelle seraient applicables au jury spécial d'expropriation. (*Monit.*, séance du 8 février 1833.) Toutefois l'omission d'une de ces règles ne pourrait donner ouverture à cassation. (Voy. la note 1 sur l'art. 42.)

(3) Ce premier paragraphe, emprunté textuellement à la

Les jurés se retirent immédiatement dans leur

loi de 1833, a été, lors de la discussion de la loi actuelle dans les deux Chambres, l'objet de longs débats.

La Chambre des pairs voulut confier au magistrat directeur du jury la mission de poser les questions.

Cette mesure se recommandait, sans doute, par de grands avantages. Les questions que le jury doit répondre sont souvent nombreuses et compliquées. Il peut y avoir à indemniser des propriétaires, des fermiers, des usufruitiers, on peut vouloir compenser l'indemnité par la plus-value, les offres peuvent être acceptées avec certaines conditions; enfin, il peut se présenter beaucoup de cas dans lesquels un magistrat, ayant l'expérience des affaires, pourrait, par la manière dont il poserait les questions, rendre leur solution plus sûre et plus facile. Comment d'ailleurs confier au jury la mission de poser lui-même ces questions en l'absence des parties et hors de toute contradiction possible de leur part?...

A ces considérations, qui avaient déterminé un amendement de la Chambre des pairs, la Chambre des députés a répondu qu'en matière criminelle, où les questions étaient ainsi posées, la rédaction de ces questions et la manière dont le jury y répondait donnaient souvent lieu à des difficultés, et ouverture à des moyens de cassation. « Si vous voulez introduire dans la loi d'expropriation ces formalités sacramentelles, dit M. Renouard, vous rendrez beaucoup plus exposées toutes les opérations du jury; vous ferez que lorsque le jury qui, après tout, est l'appréciateur souverain de l'indemnité, aura jugé que, à raison de son éventualité, il devient inutile de répondre à telle ou telle question, sa décision, par cela seul, devra être annulée. »

D'un autre côté, puisqu'aux termes de l'art. 37, le magistrat directeur met sous les yeux du jury le tableau des offres et demandes notifiées en vertu des art. 23 et 24, la question à résoudre dans chaque cas n'est-elle pas tout simplement de savoir si l'on adoptera, ou l'offre de l'administration, ou la demande de la partie, ou une somme intermé-

chambre pour délibérer, sans désemparer (1), sous la présidence de l'un d'eux, qu'ils désignent à l'instant même.

diaire, et ne peut-on pas dire que cette question se trouve toute posée dans le tableau qui est mis sous les yeux du jury?

La rédaction de la loi de 1833 a donc été conservée; mais il ne faudrait pas conclure du rejet de l'amendement de la Chambre des pairs que le magistrat directeur ne pût, dans aucun cas, poser au jury les questions qui résulteraient des débats. Il a été reconnu, au contraire, par tous les orateurs qui ont pris part aux discussions que nous venons d'analyser, qu'il fera très bien d'appeler l'attention des jurés sur tous les points susceptibles de recevoir une solution et qu'il conviendra même, dans certaines circonstances, qu'il précise, par écrit, les questions qu'il croira devoir être résolues. Seulement, on a craint si on lui en faisait une obligation légale, de multiplier les moyens de cassation, et on a voulu qu'il pût, suivant les circonstances, poser des questions ou n'en pas poser, puis que le jury, de son côté, eût liberté entière, soit de ne pas répondre à toutes les questions qui pouvaient lui être ainsi posées, soit de s'en poser d'autres, si d'autres lui paraissaient devoir être résolues.

Un amendement, rédigé dans ce sens et proposé par la commission de la Chambre des députés, n'a été rejeté que comme inutile et comme suffisamment suppléé par la rédaction de la loi de 1833.

(1) Il a été jugé par arrêt de la Cour de cassation du 2 janvier 1837, qu'en matière d'expropriation pour cause d'utilité publique, il n'y avait pas lieu d'annuler la décision d'un jury par le motif que, pendant la délibération, les jurés auraient communiqué avec le magistrat directeur, lorsqu'il était d'ailleurs établi que la communication n'avait eu pour objet que la forme de la décision à rendre, et non la décision en elle-même.

Lors de la discussion de la loi actuelle à la Chambre des

La décision du jury fixe le montant de l'indemnité; elle est prise à la majorité des voix (1).

députés, MM. Pascalis et Dessaigne proposèrent sur l'article qui nous occupe un amendement qui aurait eu pour objet de donner au magistrat directeur du jury part à la délibération. Cet amendement ne fut pas adopté : on craignit de fausser l'institution du jury en y mêlant ainsi un élément judiciaire.

= Si la délibération des jurés ne pouvait s'achever en une seule séance, et si le besoin de repos les forçait à en renvoyer la continuation au lendemain, nous pensons qu'ils pourraient le faire sans inficier leur décision de nullité, puisque l'art. 313 du Code d'Instruction criminelle accorde bien cette faculté aux jurés dans des circonstances bien plus graves, et qu'enfin la nécessité est la première de toutes les lois; mais il serait bon alors que le procès-verbal du directeur du jury fît connaître les causes qui rendraient cette suspension nécessaire.

= Il convient au surplus de faire observer ici que ce procès-verbal fait foi jusqu'à inscription de faux des énonciations qu'il contient, et que, s'il constate, par exemple, que les jurés ont délibéré secrètement et sans désemparer, ce serait en vain que les parties demanderaient à faire par témoins la preuve du contraire (Arrêts de cass. du 19 janv. 1835. Dalloz 1835, p. 113. 13 janv. et 25 fév. 1840. Journal du Palais, t. I de 1840, p. 54 et 233); qu'elles demanderaient par exemple à prouver que le greffier est entré dans la chambre du conseil, et y est resté pendant la délibération du jury. (Arrêt de cass. du 23 juin 1840. *Journal du Palais*, t. II de 1840, p. 480.)

(1) Sur la véritable signification du mot *indemnité*, voyez ci-après la note de l'art. 48.

= Le montant de l'indemnité doit être fixé par le jury de

En cas de partage, la voie du président du jury est prépondérante.

manière à mettre fin à toutes contestations possibles sur ce point entre les parties.

Ainsi un jury d'expropriation s'était borné à allouer une indemnité de 50 fr. par are de terre, pris pour l'usage d'un chemin de fer, et de 20 autres francs par are du terrain restant, à raison de la dépréciation, sans avoir déterminé l'étendue du terrain, pris par les travaux, ni de celui restant au propriétaire.

Alors le magistrat directeur avait laissé les dépens en surséance, et déclaré que ce serait seulement après avoir calculé le montant de l'indemnité revenant au propriétaire exproprié, sur les bases posées par le jury, qu'il serait possible de savoir si elle était supérieure aux offres faites par le concessionnaire. D'où il s'ensuivait que le montant de l'indemnité demeurait encore incertain et subordonné à des calculs pouvant donner lieu à litige.

Par arrêt du 3 août 1840, la Cour de cassation (ch. civile) a annulé cette décision, en se fondant sur ce que le texte comme l'esprit de la loi de 1833 voulaient que la fixation de l'indemnité fût certaine et définitive, même lorsque, suivant la prévision de l'article 9, il y avait litige sur le fond du droit ou la qualité des réclamans, et, à plus forte raison, lorsqu'il ne s'agissait, comme dans l'espèce, que de déterminer la quotité de l'indemnité, eu égard à l'étendue des terrains expropriés, et de ceux non expropriés; mais frappés de dépréciation. (*Journal du Palais*, t. II de 1840, p. 476.)

Cet arrêt, rendu sous l'empire de la loi de 1833, serait parfaitement applicable à la loi nouvelle qui, sur ce point, reproduit textuellement les mêmes dispositions.

= Si, après que les jurés ont eu fixé l'indemnité, le directeur du jury ordonnait le paiement de certaines sommes et le dépôt à la caisse des consignations d'autres sur lesquelles

Art. 39. Le jury prononce des indemnités distinctes en faveur des parties qui les réclament à des titres différens, comme propriétaires, fermiers, locataires, usagers et autres intéressés dont il est parlé à l'art. 21 (1).

il y aurait contestation, une pareille mesure n'entraînerait pas la nullité des opérations du jury. C'est du moins ce qui résulte d'un arrêt de cassation du 19 janvier 1835. (Dalloz, 1835, p. 113.)

= Mais l'indemnité doit toujours consister en une somme d'argent et être préalable à toute dépossession. Ainsi le jury ne pourrait, sans excéder ses pouvoirs, la faire consister en une obligation, pour la commune qui poursuit l'expropriation, de faire les travaux, rendus nécessaires par la nouvelle disposition des lieux. (Voir l'arrêt de cass. cité, p. 104.)

= Le droit de fixer l'époque de la prise de possession, et, par suite, de l'exigibilité de l'indemnité, n'appartient qu'à l'administration. Dès lors le jury sort du cercle de ses attributions, s'il décide que l'indemnité sera payée depuis le jour du commencement des travaux jusqu'à telle ou telle époque. (Même arrêt.)

= Est-ce à la majorité relative, ou à la majorité absolue que doit être prise la décision du jury? Dans le silence de la loi, nous pensons qu'il faut la majorité absolue, et comme, au premier tour de scrutin, les avis pourraient être répartis sur plus de deux chiffres, nous rapellerons la règle tracée par l'art. 117 du Code de Procédure, ainsi conçu : « S'il se forme plus de « deux opinions, les juges plus faibles en nombre, seront « tenus de se réunir à l'une des deux opinions qui auront été « émises par le plus grand nombre; toutefois ils ne seront « tenus de s'y réunir qu'après que les voix auront été re« cueillies une seconde fois. »

(1) L'art. 1722 du Code civil porte que si le bien loué est

Dans le cas d'usufruit, une seule indemnité est fixée par le jury, eu égard à la valeur totale de l'immeuble ; le nu-propriétaire et l'usufruitier exercent leurs droits sur le montant de l'indemnité au lieu de l'exercer sur la chose (1).

détruit par cas fortuit, en totalité ou en partie, le locataire peut avoir droit à la résolution du bail ou à une diminution de loyer ; mais jamais à aucun dédommagement. Il ne faudrait pas conclure de là qu'en cas d'expropriation, le locataire du bien exproprié n'eût droit contre l'État à aucune indemnité. L'expropriation n'est pas un cas fortuit dans le sens de l'art. 1722 ; et, d'ailleurs, cet article n'a en vue que les rapports réciproques du bailleur et du preneur. Mais, dans la fixation de l'indemnité accordée à un locataire, le jury doit prendre en considération tout le préjudice que la dépossession peut lui causer, et non pas lui réserver contre son propriétaire une action en diminution de prix ou en résiliation de bail.

C'est ainsi que, par arrêt du 31 décembre 1838, la Cour suprême a cassé la décision d'un jury qui, en fixant des indemnités dues à des locataires, avait déclaré « que ces in« demnités n'étaient déterminées qu'à raison du trouble « qu'ils éprouvaient ; mais qu'ils devraient s'entendre pour « la diminution du prix, ou pour la résiliation de leurs baux, « comme bon leur semblerait, avec les propriétaires, tous « droits respectifs réservés. »

Le motif de l'arrêt a été qu'une pareille décision réservait aux propriétaires et aux locataires des procès que la loi avait voulu prévenir et tarir dans leur source. (Voy. l'arrêt, rapporté au *Journal du Pal.*, t. 1er de 1839, p. 5.)

(1) Voici comment, lors de la discussion de la loi de 1833 à la Chambre des députés, le commissaire du roi, M. Legrand, a expliqué cette disposition : « Pour rendre ma pen« sée plus nette et plus précise, a-t-il dit, si l'immeuble ex« proprié vaut 100,000 fr., ou bien l'usufruitier touchera le « capital de 100,000 fr., s'il peut donner une caution qui

L'usufruitier sera tenu de donner caution; les père et mère ayant l'usufruit légal des biens de leurs enfans en seront seuls dispensés (1).

« garantisse pour le nu-propriétaire la remise de ce capital « à l'extinction de l'usufruit, ou bien la somme de 100,000 « fr. sera placée, et l'usufruitier en touchera les intérêts. On « a dit que nous dénaturions la position de l'usufruitier; « mais est-ce que nous ne dénaturons pas aussi la condition « du propriétaire? Le propriétaire avait un immeuble, et « nous lui donnons en échange une somme d'argent. L'usu- « fruitier avait la jouissance d'une propriété foncière, et nous « lui donnons en échange l'intérêt d'un capital..... Sans « doute, si l'usufruitier et le nu-propriétaire sont d'accord, et « si aucune condition particulière n'a été mise à la constitu- « tion de l'usufruit, ils pourront se partager entre eux le ca- « pital qui représente la valeur de l'immeuble; mais s'ils ne « s'accordent pas sur ce partage, je maintiens que, ni jury, « ni tribunal, ne peut opérer ici, de sa pleine autorité, « une ventilation quelconque. »

Toutefois, un arrêt de la Cour de cassation du 4 avril 1838 a rejeté le pourvoi formé contre la décision d'un jury qui, après avoir fixé une seule indemnité pour l'usufruitier et le nu-propriétaire expropriés, avait ajouté (s'agissant d'une forêt) que cette indemnité serait applicable pour telle somme à la superficie, et pour telle autre somme au sol.

En décidant ainsi, porte l'arrêt, le jury n'a fait qu'indiquer le double élément de sa décision, qui ne cesse pas d'être une, et sur le résultat complexe de laquelle il sera loisible au nu-propriétaire et à l'usufruitier d'exercer (ainsi que le porte l'art. 39) leur droit réciproque, au lieu de l'exercer sur la chose. (*Journal du Pal.*, t. II de 1838, p. 103.)

(1) Dans le droit commun et aux termes de l'art. 601 du Code civil, l'usufruitier peut être dispensé par le titre constitutif de l'usufruit de donner caution, parce qu'alors le droit du nu-propriétaire est garanti à celui-ci par la chose même

Lorsqu'il y a litige sur le fond du droit ou sur la qualité des réclamans, et toutes les fois qu'il s'élève des difficultés étrangères à la fixation du montant de l'indemnité, le jury règle l'indemnité indépendamment de ces litiges et difficultés, sur lesquelles les parties sont renvoyées à se pourvoir devant qui de droit (1).

soumise à l'usufruit; mais on comprend qu'une fois cet immeuble converti en une somme d'argent, la même garantie n'existerait plus; l'usufruitier ne pourra donc jamais se dispenser de donner caution, à moins qu'il ne s'agisse de l'usufruit légal donné aux père et mère sur les biens de leurs enfans; la présomption de la loi, qui est fondée sur des sentimens naturels de respect ou d'affection, ne permettant pas, dans ce cas, de supposer un détournement possible.

(1) Cette disposition a besoin d'être expliquée :

La mission du jury est de régler l'indemnité; il n'en a pas d'autres; et si des litiges de fait ou de droit existent entre les parties, il doit s'abstenir de rien préjuger sur leur solution. Mais il est des cas où la décision d'un litige qui existe entre les parties doit modifier le chiffre de l'indemnité, ou, par exemple, suivant qu'un procès actuellement existant entre un propriétaire et son locataire sera jugé dans tel ou tel sens, chacune des parties aura droit à une indemnité plus ou moins forte. Que doit faire alors le jury? Il doit prévoir toutes les éventualités du litige et fixer, pour chacune d'elles, une indemnité distincte, un chiffre différent. Il doit dire, par exemple : Si tel bail est maintenu, si telle servitude est conservée, si telle construction est autorisée, si telle mesure est donnée au terrain, l'indemnité sera de tant; elle ne sera que de tant, au contraire, si le bail est résilié, si la servitude est anéantie, si l'autorisation est refusée, si le terrain est diminué. Enfin, le jury doit statuer de telle façon que rien ne soit laissé en arrière sur la fixation de l'indemnité, et qu'une fois le litige vidé, on n'ait pas besoin de

L'indemnité allouée par le jury ne peut, en aucun cas, être inférieure aux offres de l'administra-

revenir devant lui pour faire procéder à cette fixation.

Ainsi, lorsqu'une partie seulement d'une maison a été expropriée pour cause d'utilité publique, et que les locataires de cette maison, d'accord avec l'autorité qui poursuit l'expropriation, demandent qu'il soit fixé deux indemnités alternatives, l'une pour le cas où ils seraient obligés de quitter les lieux, l'autre pour celui où ils continueraient à les habiter, le jury ne peut, sous prétexte qu'il a reconnu l'impossibilité de conserver aux locataires les lieux par eux occupés, se borner à fixer une seule indemnité : ce serait empiéter sur la juridiction des tribunaux, qui, seuls, ont le pouvoir d'appliquer entre le bailleur et le preneur les dispositions de l'art. 1722 du Code civil. (Voir deux arrêts de la Cour de cassation du 5 février 1840, *Journal du Pal.*, t. Ier de 1840, p. 213.)

Il suit encore des mêmes principes que si, devant le jury, un tiers se présente et se prétend propriétaire d'une portion de terrain exproprié, le magistrat directeur devra poser au jury une première question relative à l'indemnité allouée pour la totalité du terrain, et une seconde question sur l'indemnité due pour ce terrain, déduction faite de la partie revendiquée par le tiers.

En se prononçant ainsi distinctement sur l'une et l'autre de ces questions, le jury pourvoit éventuellement, sans rien préjuger, à toutes les solutions possibles du débat élevé entre les deux prétendans droit au terrain exproprié; tandis qu'en fixant l'indemnité à une seule somme qu'il adjugerait tout entière au propriétaire contre lequel la revendication est exercée, il préjugerait ce débat et commettrait un excès de pouvoir. (Arrêt de cassation du 21 août 1838. *Journal du Pal.*, t. II de 1838, p. 203.)

Lors de la discussion de la loi actuelle devant la Chambre des députés, M. Renouard proposa, pour rendre la pensée

tion, ni supérieure à la demande de la partie intéressée (1).

Art. 40. Si l'indemnité réglée par le jury ne dépasse pas l'offre de l'administration, les parties qui l'auront refusée seront condamnées aux dépens (2).

Si l'indemnité est égale à la demande des parties, l'administration sera condamnée aux dépens.

Si l'indemnité est à la fois supérieure à l'offre de l'administration, et inférieure à la demande des parties, les dépens seront compensés de manière à être supportés par les parties et l'administration, dans les proportions de leur offre ou de leur demande avec la décision du jury (3).

du législateur plus évidente, de terminer le paragraphe qui nous occupe ainsi qu'il suit : « Et, s'il y a lieu, il (le jury) « établit hypothétiquement des indemnités correspondantes « à l'éventualité des décisions à intervenir sur les points contestés entre les parties. »

Cet amendement fut retiré comme inutile sur l'observation faite par le rapporteur de la commission, que la jurisprudence de la Cour de cassation avait parfaitement compris et suffisamment expliqué l'article 39, dans le sens où il était entendu par M. Renouard.

(1) Ce dernier paragraphe n'était pas dans la loi de 1833. L'exagération apportée par certains jurys d'expropriation dans la fixation des indemnités, et, notamment, la décision devenue célèbre du jury de Schélestadt, l'a fait insérer dans la loi nouvelle.

(2) Les parties dont il est ici question sont les propriétaires et autres intéressés énumérés dans l'art. 21, et auxquels l'administration a dû notifier ses offres aux termes de l'art. 23.

(3) Ainsi supposons, dit M. Delalleau (*Traité de l'Exp.*, p. 393), que l'offre de l'administration ait été de 4,000 fr.,

Tout indemnitaire qui ne se trouvera pas dans le cas des art. 25 et 26 sera condamné aux dépens, quelle que soit l'estimation ultérieure du jury, s'il a omis de se conformer aux dispositions de l'article 24.

Art. 41. La décision du jury, signée des membres qui y ont concouru, est remise par le président au magistrat directeur, qui la déclare exécutoire, statue sur les dépens, et envoie l'administration en possession de la propriété (1),

la demande du propriétaire de 5,000 fr., et que le jury ait alloué 4,300 fr., la différence de l'offre à la demande était de 1,000 fr., le propriétaire a obtenu 300 fr. de plus qu'il ne lui avait été offert, il succombe donc pour 700 fr. et l'administration pour 300 fr. Il paiera, par suite, les sept dixièmes des frais, et l'administration les trois autres dixièmes.

= Il a été jugé, par arrrêt de la Cour de cassation du 13 janvier 1840, que, lorsque le directeur du jury s'est, en droit, conformé pour la condamnation aux dépens au présent article, qu'il a transcrit dans sa décision, l'application vicieuse qu'il a pu faire des dispositions de cet article dans la répartition mathématique à laquelle il s'est livré, ne constitue qu'une erreur de calcul réparable par les voies de droit; mais ne saurait donner ouverture à cassation. (*Journal du Pal.*, t. I de 1840, p. 54.)

= On a bien expliqué, lors de la discussion de la loi de 1833, que les dépens ne seraient point payés par privilége sur le montant du prix de l'indemnité. Ils doivent rester à la charge de ceux qui, par de mauvaises contestations, y ont donné lieu.

(1) L'époque pour laquelle le magistrat-directeur du jury ordonne cette prise de possession doit être celle qui a été déterminée par le préfet, en exécution de l'art. 11 de la loi;

à la charge par elle de se conformer aux dis-

car l'administration seule peut être juge du moment où elle a besoin d'entrer en jouissance de la propriété expropriée.

= Si l'époque indiquée par le préfet est déjà passée, le magistrat directeur doit déclarer que la prise de possession aura lieu immédiatement après le paiement ou la consignation de l'indemnité fixée par le jury. (Delalleau, *Traité de l'Exp. pour util. publ.*, p. 391.)

= Mais si, lors de la décision du jury, l'administration s'était déjà mise en possession de l'objet en litige, le magistrat directeur pourrait-il l'y *maintenir*, au lieu de l'y *envoyer*, et la condamner aux intérêts de l'indemnité fixée par la décision, à partir du jour de la prise de possession ?

Cette question s'est présentée devant la Cour de cassation, et a été résolue négativement par un arrêt du 2 janvier 1837. Les motifs de cet arrêt contiennent sur les pouvoirs du magistrat directeur du jury des principes fort bien déduits et dont il importe de se pénétrer.

On y lit :

« Attendu que des trois attributions conférées au magis-
« trat directeur par l'art. 41, il n'y en a qu'une seule qui
« constitue, à proprement parler, un acte de juridiction,
« c'est à savoir : la mission de statuer sur les dépens ; mission
« qui, en thèse générale, n'appartient qu'au tribunal entier ;
« que, quant aux deux autres (celle de déclarer la décision
« du jury exécutoire, et celle d'envoyer l'administration en
« possession de la propriété), la première n'a d'autre but
« que d'imprimer, par le ministère du magistrat directeur
« (comme, dans d'autres cas analogues, par le ministère du
« président du tribunal), le sceau de l'autorité judiciaire,
« et, par suite, la force d'exécution, à la décision du jury,
« qui, sans cela, ne serait l'œuvre que d'hommes privés ; et la
« deuxième n'est, en tout, que le complément du jugement
« même d'expropriation qui a été prononcé par le tribunal
« entier, et non par un seul juge, en telle sorte, que ni dans
« l'une ni dans l'autre de ces dernières missions, le magis-

positions des articles 53, 54 et suivans (1).

Ce magistrat taxe les dépens, dont le tarif est déterminé par un réglement d'administration publique (2).

La taxe ne comprendra que les actes faits postérieurement à l'offre de l'administration ; les frais des actes antérieurs demeurent, dans tous les cas, à la charge de l'administration (3).

Art. 42. La décision du jury et l'ordonnance du magistrat directeur ne peuvent être attaquées que par la voie du recours en cassation, et seulement pour violation du 1er § de l'art. 30, de l'art. 31,

« trat directeur n'exerce aucun pouvoir juridictionnel qui lui « soit propre ;

« Attendu que la juridiction attribuée dans un seul cas « au magistrat directeur (véritable exception introduite, en « matière civile, par la loi tout exceptionnelle du 7 juil- « let 1833), doit être rigoureusement circonscrite dans les « limites que cette loi lui a assignées ; qu'en lui conférant un « pouvoir juridictionnel pour statuer sur la condamnation « aux dépens, la loi le laisse sans pouvoir, quant à tout au- « tre litige qui pourrait s'élever accessoirement au régle- « ment de l'indemnité, et que, s'il juge ce litige, il commet « un excès de pouvoir et viole, par cela seul, la loi même « de son institution. » (*Journal du Pal.*, t. 1 de 1837, p. 150.)

(1) Relatifs au paiement ou à la consignation préalable de l'indemnité.

(2) Voir l'ordonnance du 18 septembre 1833, imprimée ci-après, p. 138.

(3) Voir pour les formalités relatives à la taxe des dépens les art. 12, 13 et 14 de l'ordonnance précitée du 18 septembre 1833, p. 140.

des 2e et 4e §§ de l'art. 34, et des art. 35, 36, 37, 38, 39 et 40 (1).

Le délai sera de quinze jours pour ce recours, qui sera d'ailleurs formé, notifié et jugé comme il est dit en l'art. 20; il courra à partir du jour de la décision (2).

(1) S'il n'était pas constaté que le président du jury ait été nommé par les jurés, ou bien si le magistrat directeur du jury n'avait pas posé de questions, ou bien encore si la déclaration du jury n'avait été signée, ni par lui, ni par le greffier, ces violations des règles rigoureusement prescrites en matière de Cours d'assises, par le Code d'instruction criminelle, ne frapperaient pas de nullité la décision d'un jury spécial d'expropriation. Ainsi jugé par arrêt de cassation du 9 mai 1834, fondé sur ce que le Code d'instruction criminelle ne peut être invoqué dans une matière civile, régie, d'ailleurs, par une loi spéciale, qui circonscrit les ouvertures à cassation proposables contre les décisions du jury que cette loi institue. (*Journal du Pal.*, 2e édit., t. I de 1835, p. 176, et Dalloz, 1834-1-357.)

M. Delalleau pense, toutefois, que les décisions du jury, ainsi que les ordonnances du magistrat directeur, peuvent toujours être annulées pour incompétence ou excès de pouvoir. (*Traité de l'Exp.*, n° 629.) Nous partageons entièrement son opinion, qui, quoique contraire en apparence au texte de l'article 42, n'est cependant pas susceptible d'une contradiction sérieuse.

(2) Le pourvoi peut être formé avant que la décision du jury n'ait été signifiée. (Arrêt de cassation du 6 janvier 1836. *Journal du Pal.*, 2e édit., t. I de 1836, p. 401.)

= Le délai de quinzaine, accordé pour ce pourvoi, doit être entendu selon l'esprit général de l'art. 1033 du Code de procédure civile, en ce sens qu'on n'y doit comprendre, ni le jour de la décision, ni celui de l'échéance. La Cour de cassation l'a décidé ainsi, suivant arrêt du 11 janvier 1836, par

Art. 43. Lorsqu'une décision du jury aura été cassée, l'affaire sera renvoyée devant un nouveau jury, choisi dans le même arrondissement (1).

Néanmoins la Cour de cassation pourra, suivant les circonstances, renvoyer l'appréciation de l'indemnité à un jury, choisi dans un des arrondisse-

le motif que les principes généraux de la procédure sur la computation des délais doivent être appliqués aux délais fixés par des lois spéciales toutes les fois que ces lois ne contiennent pas de dispositions contraires.

(1) Lors même que le jugement qui a prononcé l'expropriation a été cassé, et que, par suite, l'affaire a été renvoyée devant un autre tribunal, c'est toujours par un jury de la situation des biens que l'indemnité doit être fixée, et, même, le magistrat-directeur de ce jury doit être pris parmi les membres du tribunal qui a rendu le jugement annulé. Ainsi jugé par un arrêt de cassation du 11 mai 1835, rapporté au Journal du Palais, 2e édit., t. III de 1835, p. 119.

Dans ce cas, en effet, le pourvoi a lieu non contre la décision du jury, mais contre le jugement qui a prononcé l'expropriation. Si le pourvoi est admis et que la cassation soit prononcée, la décision du jury est non avenue; mais elle n'est pas annulée.

= Les jurés qui ont rendu la décision annulée peuvent-ils faire partie du nouveau jury devant lequel l'affaire est renvoyée par la Cour de cassation? Cette question semble, au premier abord, devoir être résolue négativement; mais outre qu'il serait souvent difficile de composer le jury de nouveaux membres, aucun motif sérieux d'exclusion ne peut exister contre ceux dont la décision n'a été cassée que pour vices de formes. Ces considérations ont fait rejeter du projet de la loi du 7 juillet 1833 une disposition ainsi conçue : « Les « membres du jury qui auront rendu la décision annulée ne « pourront faire partie du nouveau jury. » (Séance du 13 mai 1833.)

mens voisins, quand même il appartiendrait à un autre département (1).

Il sera procédé, à cet effet, conformément à l'article 30.

Art. 44. Le jury ne connaît que des affaires dont il a été saisi au moment de sa convocation (2), et statue successivement et sans interruption sur chacune de ces affaires (3). Il ne peut se séparer qu'après avoir réglé toutes les indemnités dont la fixation lui a été ainsi déférée.

Art 45. Les opérations commencées par un jury, et qui ne sont pas encore terminées au mo-

(1) Un amendement proposé sur ce paragraphe par M. Pascalis aurait donné à la Cour de cassation le droit de renvoi devant un autre tribunal, soit pour cause de suspicion légitime, soit pour toute autre circonstance, non seulement après la cassation d'un premier jugement, mais même avant toute décision. Cet amendement a été rejeté en vue des retards qu'il pourrait occasionner dans la procédure d'expropriation. (*Monit.* du 5 mars, p. 538.)

(2) A l'égard des autres affaires, les formalités de l'art. 31, qui veut que le lieu et le jour de la réunion, ainsi que les noms des jurés, soient à l'avance notifiés aux parties intéressées, n'auraient pas été remplies. D'ailleurs, le législateur n'a pas voulu que l'administration pût renvoyer devant un jury dont elle aurait reconnu les dispositions favorables pour elle, telle affaire qu'il lui plairait de désigner. C'est une garantie donnée aux indemnitaires.

(3) Comme toutefois une affaire peut donner lieu à des actes d'instruction qui entraînent des délais, il ne nous paraît pas douteux que, pendant ces délais, le jury puisse s'occuper d'autres affaires : c'est aussi l'opinion de MM. Gillon et Stourm. (Code des municipalités, p. 152.)

ment du renouvellement annuel de la liste générale mentionnée en l'art. 29, sont continuées, jusqu'à conclusion définitive, par le même jury.

Art. 46. Après la clôture des opérations du jury, les minutes de ses décisions et les autres pièces qui se rattachent auxdites opérations sont déposées au greffe du tribunal civil de l'arrondissement.

Art. 47. Les noms des jurés qui auront fait le service d'une session ne pourront être portés sur le tableau dressé par le conseil-général pour l'année suivante.

CHAPITRE III.

Des règles à suivre pour la fixation des indemnités.

Art. 48. Le jury est juge de la sincérité des titres et de l'effet des actes qui seraient de nature à modifier l'évaluation de l'indemnité (1).

(1) Tels que peuvent être, par exemple, les contrats de vente et les baux relatifs tant à l'immeuble exproprié qu'aux immeubles voisins de même nature, les procès-verbaux d'expertise dont ces immeubles auraient été l'objet, l'extrait des rôles des contributions, etc., etc. La plus grande liberté est laissée au jury sur le choix des documens à l'aide desquels il peut former son opinion ; et c'est pour consacrer cette liberté, de la manière la plus absolue, qu'a été supprimée la nomenclature que contenait le projet du Gouvernement des titres et des actes que le jury devait prendre en considération pour la fixation de l'indemnité.

= M. Daguilhon-Pujol, qui a proposé l'article, lors de la-

Art. 49. Dans le cas où l'administration contesterait au détenteur exproprié le droit à une indem-

discussion de la loi du 7 juillet 1833, a très bien expliqué le sens du mot *indemnité*.

« Constamment, a-t-il dit, l'administration a contesté l'étendue et la définition de ce mot. Elle a soutenu devant les tribunaux que l'indemnité qui était due n'était que la valeur vénale du sol ; mais non la dépréciation du sol restant.

« Je pourrais citer à l'appui de mon assertion des monumens de la jurisprudence qui attesteraient que les prétentions de l'administration ont toujours été telles que je viens de les signaler ; prétentions contre lesquelles les tribunaux se sont toujours élevés, parce qu'ils ont justement et sagement interprété les dispositions de l'art. 545 du Code civil ; parce qu'ils ont pensé que l'indemnité, pour être juste, devait être complète.

« En effet, le mot *indemnité* ne veut pas dire seulement le prix vénal de l'immeuble, il veut dire aussi le dédommagement dû au propriétaire par suite de sa dépossession.

« C'est dans ce sens que ce mot a été placé dans l'art. 545 du Code civil ; c'est dans ce sens qu'il se trouve dans l'art. 9 de la Charte ; c'est aussi dans ce sens qu'il a été interprété par les tribunaux.

« Quand je me suis servi des mots *dédommagement, dépréciation,* je n'ai pas entendu parler d'une dépréciation à cause d'une valeur d'affection ou de convenance ; mais d'une dépréciation réelle. Or, cette dépréciation peut avoir plusieurs causes ; ces causes peuvent dériver de ce que le propriétaire dépossédé se trouvera privé d'un droit d'irrigation, d'un droit de passage, de ce qu'il sera obligé de construire un pont, d'établir un bac, si sa propriété est traversée par un canal. . . . .

« Je pourrais citer une foule de cas de cette nature, et qui tous feraient sentir la nécessité d'une indemnité proportionnée à la valeur absolue et relative de la propriété. »

Conformément à ces principes, on a jugé que si, par une

nité, le jury, sans s'arrêter à la contestation, dont il renvoie le jugement devant qui de droit,

suite directe de l'expropriation, un propriétaire se trouvait forcé de faire des travaux pour sa sûreté, ses communications, etc..., si, par exemple, il lui fallait construire un mur pour soutenir ses terres menacées d'éboulement par les excavations d'une route, l'État devrait lui tenir compte de ses dépenses. (Arrêt de cassation du 21 février 1827, Dalloz 1827, p. 147.)

= On a jugé encore que le prix des ustensiles nécessaires à l'exploitation d'une usine était un des élémens du capital de l'indemnité due au propriétaire de l'usine, en cas d'expropriation, et que, par suite, les intérêts de ce prix lui devaient être alloués à compter du jour de la dépossession. (Arrêt du Conseil d'état du 9 juin 1830. *Journal du Pal.*, Conseil d'état, t. III, p. 467.)

= Lors même que des travaux publics, sans opérer l'expropriation complète d'un immeuble, le déprécient par une altération permanente et perpétuelle de sa jouissance, le propriétaire a droit à une indemnité sur le montant de laquelle les tribunaux sont seuls compétens pour statuer. Ainsi, lorsqu'une commune fait exhausser le sol de la voie publique, elle est tenue d'indemniser le propriétaire dont la maison se trouve enfouie et dépréciée (Arrêts de cassation des 18 janvier 1826, 17 décembre 1827, 25 mai 1833, et 30 avril 1838. *Journal du Pal.*, t. II de 1826, p. 207 ; t. III de 1828, p. 251 ; t. II de 1833, p. 425, et t. II de 1838, p. 60.)

Ainsi encore, lorsque l'établissement d'un canal ouvert par l'administration prive une usine de la majeure partie des eaux nécessaires à son mouvement, il y a là dépossession et expropriation. (Arrêt de Bourges du 28 février 1832. *Journal du Pal.*, t. III de 1833, p. 149.)

Cela est juste, car, comme l'a fort bien dit la Cour de cassation, dans son arrêt de 1838, « la jouissance est une portion essentielle de la propriété, et la modification ou l'alté-

fixe l'indemnité comme si elle était due, et le magistrat directeur du jury en ordonne la consignation, pour, ladite indemnité, rester déposée jusqu'à

« ration permanente et perpétuelle de la jouissance modifie « ou altère évidemment la propriété; d'où résulte le droit « du propriétaire à une indemnité comme s'il subissait une « expropriation réelle d'une partie du sol; nul sacrifice de « la propriété à l'intérêt public ne devant être gratuit sans « le consentement du propriétaire. »

Toutefois M. Delalleau, M. de Cormenin et plusieurs arrêts du Conseil d'état paraissent contraires à cette opinion. Suivant eux le préjudice que des travaux publics peuvent causer à des propriétés voisines ne constitue jamais une expropriation, et ne saurait donner lieu, par conséquent, à l'application de la loi de 1833, mais, seulement, rentre dans le cas de l'art. 4 de la loi du 28 pluviose an VIII, d'où il suit que ce serait à l'administration et non aux tribunaux à régler les indemnités.

L'art. 4 de la loi du 28 pluv. an VIII porte en effet que c'est le conseil de préfecture qui doit prononcer *sur les demandes et contestations concernant les indemnités dues aux particuliers, à raison des terrains pris ou fouillés pour la confection des chemins, canaux et autres ouvrages publics.*

Mais, comme le fait encore observer la Cour de cassation, toujours dans ce même arrêt du 30 avril 1838, il ne s'agit dans cet article que d'un trouble, d'une sujétion temporaire qui, à vrai dire, n'affecte pas la propriété; tandis que, dans l'espèce jugée par l'arrêt de 1838, il y avait, par l'exhaussement de la voie publique, dépréciation notable et permanente de la propriété de l'indemnitaire.

Nous pensons qu'en définitive ce sera toujours d'après les circonstances, suivant le plus ou le moins de gravité, et, surtout, de permanence du dommage causé, qu'on décidera s'il y a ou n'y a pas expropriation, si c'est par les tribunaux ordinaires ou par l'administration que doit être réglée l'indemnité.

ce que les parties se soient entendues ou que le litige soit vidé (1).

Art. 50. Les bâtimens (2) dont il est nécessaire d'acquérir une portion pour cause d'utilité publi-

(1) L'administration peut prétendre, par exemple, que des moulins, ou autres usines, ont été établis, sans droit, sur des rivières navigables ou flottables, ou bien que leur établissement n'a été autorisé qu'à la condition de les démolir, sans indemnité, si l'utilité publique l'exigeait.

= Presque toujours, dit M. Delalleau (*Traité de l'Exp.*, n° 600), l'administration reconnaîtra que l'exproprié a droit à une indemnité quelconque, et il ne s'élèvera de contestation que sur un ou deux des chefs d'indemnité. Le magistrat directeur ordonnera alors le paiement des chefs non contestés et ne fera consigner que les autres.

(2) Par le mot *bâtimens* il faut entendre ceux qui sont à l'usage personnel des citoyens et servent à leur habitation.

La loi de 1833 portait les *maisons et bâtimens*. L'emploi simultané de ces deux mots synonymes avait donné lieu à des interprétations erronées ; ainsi des propriétaires prétendaient que l'expression *maisons* comprenait les bâtimens d'habitation, cours et toutes autres dépendances ; d'autres disaient que, par *bâtimens*, il fallait entendre tous les bâtimens d'exploitation, de manière à ce que l'expropriation d'un seul dût entraîner nécessairement celle de tous les autres. Pour prévenir cet inconvénient, la Chambre des députés, sur la proposition de M. Galis, a retranché de l'art. le mot *maisons*. (Mon. du 5 mars 1840.)

= M. le viconte Pernetti avait demandé à la Chambre des pairs qu'on étendît aux établissemens industriels la faveur accordée aux bâtimens d'habitation. Mais cette mesure parut sans utilité, le pouvoir absolu du jury lui permettant d'indemniser le propriétaire de tout le préjudice que peut lui causer, soit la privation de son cours d'eau, soit l'expropriation partielle de son usine. (Monit. du 10 mai 1840.)

que, seront achetés en entier, si les propriétaires le requièrent par une déclaration formelle adressée au magistrat directeur du jury, dans les délais énoncés aux art. 24 et 27.

Il en sera de même de toute parcelle de terrain qui, par suite du morcellement, se trouvera réduite au quart de la contenance totale, si toutefois le propriétaire ne possède aucun terrain immédiatement contigu, et si la parcelle ainsi réduite est inférieure à dix ares (1).

(1) Ainsi, pour que l'administration puisse être contrainte à acquérir en entier un terrain non bâti, il faut trois conditions : 1° que la parcelle qui ne peut être utilisée par les travaux ne forme que le quart tout au plus de la contenance totale du terrain ; 2° que cette parcelle soit inférieure à 10 ares, et 3° enfin, que le propriétaire ne possède aucun terrain immédiatement contigu. La première de ces trois conditions, empruntées à la loi de 1833, avait été retranchée par le Gouvernement dans le projet de la loi actuelle ; mais elle fut rétablie par la Chambre des députés. (Monit. du 5 mars 1840.)

= Lors de la dernière discussion de la loi actuelle à la Chambre des pairs, la commission proposa un paragraphe additionnel ainsi conçu : « La disposition est applicable à « chaque partie de la propriété que la prise aurait divi- « sée. »

Cet amendement fut rejeté comme inutile, et il fut bien entendu que si, par exemple, une nouvelle voie de communication coupait en deux une propriété, et laissait de chaque côté une parcelle de terrain inférieure à 10 ares, la disposition de l'art. 50 devrait être appliquée à chacune de ces deux parcelles, encore que toutes deux réunies excédassent la contenance de 10 ares. (Monit. du 25 avril 1841, p. 1107.)

= Si l'administration prenait la cour ou le jardin attenant

Art. 51. Si l'exécution des travaux doit procurer une augmentation de valeur immédiate et spéciale au restant de la propriété, cette augmentation sera prise en considération dans l'évaluation du montant de l'indemnité (1).

à des bâtimens, serait-elle obligée de prendre aussi les bâtimens ? Cette question a été soulevée lors de la discussion de la loi de 1833, et a été résolue par la négative ; mais, en même temps, il a été bien entendu qu'en pareil cas l'indemnité devrait être calculée, non pas seulement à raison du terrain enlevé, mais aussi eu égard à la dépréciation qu'éprouverait la maison privée d'une cour ou d'un jardin. (Duvergier, *Collect. des lois*, t. 33, p. 304.)

(1) Dans la loi de 1833, la prise en considération dont parle l'art. 51 était facultative ; dans le projet de la loi nouvelle les mots *pourra être prise en considération*..... étaient remplacés par ceux-ci : *pourra être compensée en tout ou en partie avec le montant de l'indemnité*, ce qui impliquait que le propriétaire exproprié pouvait, dans certains cas, ne recevoir aucune indemnité. Après une longue discussion à la Chambre des pairs, on en est revenu au système de la prise en considération. Seulement l'expression facultative *pourra* a été remplacée par le mot *sera*, et la disposition est devenue impérative.

= Devant la Chambre des députés, de nouveaux débats se sont élevés sur cet art. 51 que plusieurs orateurs ont signalé comme consacrant une injustice en ce que, disaient-ils, si les travaux, à raison desquels une plus-value aura été prise en considération dans la fixation de l'indemnité, ne s'exécutent pas, la plus-value n'aura pas lieu, et le propriétaire aura été dépouillé de son terrain pour un prix inférieur à sa valeur.

Pour obvier à cet inconvénient, plusieurs amendemens ont été successivement discutés. Celui de M. Durand (de Romorantin), qui, présenté le dernier, résumait tous les autres

Art. 52. Les constructions, plantations et améliorations ne donneront lieu à aucune indemnité,

et qui avait trouvé de nombreuses et vives adhésions, était conçu en ces termes :

« Si, lors de la fixation de l'indemnité, le jury (ce qu'il « sera tenu de constater) a pris en considération l'augmen« tation de valeur du restant de la propriété, et qu'après « cette fixation, les travaux ne s'exécutent pas, ou soient or« donnés sur de nouveaux plans, dans ce cas, le propriétaire « pourra demander que l'indemnité primitivement fixée « soit augmentée de la somme déduite pour le montant de la « plus-value.

« Cette demande sera portée devant les tribunaux or« dinaires. »

Assurément de puissans motifs d'équité militaient en faveur de cet amendement. « Ainsi, disait M. Monnier de la Sizeranne, un canal va traverser une forêt dans laquelle il doit porter la vie et la prospérité. Nécessairement l'avantage qui pourra en résulter aura été pris en très grande considération par le jury, qui n'aura peut-être accordé aucune indemnité au propriétaire pour les terrains expropriés. Mais, par des circonstances imprévues, le canal, à moitié creusé, demeure inachevé ; il devient une lagune sans produit, un marais peut-être. Eh bien ! dans ce cas, je le demande, n'est-il pas de toute justice que l'on répare le tort qu'a fait, dans la première évaluation des dommages, l'appréciation d'une plus-value qui n'existe plus ? Et que serait-ce, s'il s'agissait de propriétés bâties, expropriées pour un percement de rue plus tard abandonné ?... »

Le rapporteur de la commission, M. Dufaure, a répondu : « Quand il sera certain que le travail public ne devra pas être fait, le propriétaire usera du droit que lui confère l'art. 60 : il rachettera le terrain vendu à l'État. L'art. 60 est là pour lui donner toute satisfaction. Dans cet article, en effet, on a pris soin de dire qu'il ne serait pas obligé de payer tout le prix que l'État lui a payé, c'est-à-dire on a décidé que,

lorsque, à raison de l'époque où elles auront été faites ou de toutes autres circonstances dont

lorsque l'État lui aura payé un terrain 10,000 fr., le jury qui sera appelé à statuer pourra ne l'obliger à le payer que 50 fr. Voilà la justice que nous avons cru pouvoir rendre pour le cas que M. Monnier de la Sizeranne citait : c'est par ces motifs que la commission persiste à repousser l'amendement de M. Durand. »

Cette réponse, il faut le dire, n'était pas entièrement satisfaisante; car il y aura bien des cas où, une fois qu'un propriétaire aura été dépouillé de sa propriété, il ne lui conviendra plus de la réacquérir, même par un prix inférieur à celui auquel elle lui aura été payée.

Mais on ne peut se dissimuler, d'un autre côté, que le système de l'amendement aurait ouvert une source intarissable de procès entre les propriétaires et l'administration. Il aurait fallu déterminer après quel temps les travaux devraient être considérés comme abandonnés et à quelle époque l'administration n'aurait plus droit de répondre : « Je « n'ai pas encore pu, ou voulu, faire les travaux, je les ferai « plus tard. » Puis, si les travaux avaient paru mal faits, s'ils n'avaient pas donné lieu aux avantages qu'on en attendait, l'administration aurait eu à répondre aux critiques des propriétaires. Ces difficultés étaient graves; elles ont déterminé le rejet de l'amendement. (Mon. du 6 mars 1841.)

= On remarque que la plus-value doit être *immédiate*. Le jury ne doit pas en effet se préoccuper de chances futures et toujours incertaines d'accroissement de valeur, lorsqu'il s'agit de dépouiller un propriétaire d'avantages acquis et réels ; mais si, par exemple, il était question du percement d'une rue, on pourrait considérer comme immédiate la plus-value qui en résulterait pour le restant d'un terrain nu sur lequel on pourrait bâtir.

= Il est inutile au surplus de faire observer que la prise en considération d'une plus-value, quelle qu'elle soit, ne

l'appréciation lui est abandonnée, le jury acquiert la conviction qu'elles ont été faites dans la vue d'obtenir une indemnité plus élevée (1).

TITRE V.

Du paiement des indemnités.

Art. 53. Les indemnités réglées par le jury seront, préalablement à la prise de possession, acquittées entre les mains des ayant-droit (2).

pourra jamais aller jusqu'à faire condamner le propriétaire exproprié à payer, au lieu de recevoir.

C'est ce qui a été bien entendu, lors de la discussion tant de la loi de 1833 que de la loi actuelle.

(1) Comme si, par exemple, elles n'avaient été commencées qu'après l'avertissement donné aux parties en vertu de l'art. 6.

(2) Cette disposition repose sur un principe consacré par l'art. 545 du Code civil, ainsi que par l'art. 9 de la Charte, et suivant lequel nul ne peut être contraint à céder sa propriété, même pour cause d'utilité publique, sans une juste et *préalable* indemnité.

= L'indemnité dont il est ici question doit consister dans une somme d'argent, et le jury excéderait ses pouvoirs s'il la faisait consister, par exemple, dans l'obligation imposée à une commune qui exproprie de faire certains travaux rendus nécessaires par la nouvelle disposition des lieux. Ainsi, du moins, a-t-il été jugé par un arrêt de cassation du 31 décembre 1838, (*Journal du Pal.*, t. 1 de 1839, p. 5.)

Dans l'espèce de cet arrêt, il s'agissait d'ouvrir une com-

S'ils se refusent à les recevoir, la prise de possession aura lieu après offres réelles et consignation.

S'il s'agit de travaux exécutés par l'État ou les départemens, les offres réelles pourront s'effectuer au moyen d'un mandat égal au montant de l'indemnité réglée par le jury : ce mandat, délivré par l'ordonnateur compétent, visé par le payeur, sera payable sur la caisse publique qui s'y trouvera désignée.

Si les ayant-droit refusent de recevoir le mandat, la prise de possession aura lieu après consignation en espèces (1).

munication tendant du quai Serin à Lyon au plateau de la Croix-Rousse. Le jury avait mis à la charge de la commune les réparations nécessitées par les éboulemens ou par la surcharge des terres, et avait déclaré que, dans les estimations par lui faites, relativement à l'indemnité allouée à raison de la dépossession, il avait pris en considération les travaux, murs et entrées, que devait faire la commune de la Croix-Rousse, ainsi que leur mode d'exécution et d'entretien.

Cette décision fut cassée par le motif que le jury n'avait aucun pouvoir pour décider que ces travaux dussent être faits par la commune plutôt que par les propriétaires eux-mêmes ; que si ces travaux devaient être pour ceux-ci l'occasion d'une dépense, et donner conséquemment ouverture à un préjudice à réparer, le jury devait se borner à prendre ce préjudice en considération, dans l'appréciation du montant de l'indemnité, nécessairement préalable à toute dépossession, et dont le réglement était l'unique objet de son institution.

(1) Ces deux derniers paragraphes n'existaient pas dans

Art. 54. Il ne sera pas fait d'offres réelles toutes les fois qu'il existera des inscriptions sur l'immeuble exproprié ou d'autres obstacles au versement des deniers entre les mains des ayant-droit ; dans ce cas, il suffira que les sommes dues par l'administration soient consignées, pour être ultérieurement distribuées ou remises, selon les règles du droit commun (1).

la loi de 1833. La commission de la Chambre des pairs a cru devoir les ajouter dans la loi nouvelle.

« Comme les règles de comptabilité, a dit le rapporteur de cette commission, ne permettent pas de laisser sortir l'argent du Trésor sans une quittance, comme le propriétaire refusant de recevoir les offres, cette quittance ne peut pas lui être délivrée, la Chambre a reconnu qu'il y avait lieu de faire les offres réelles au moyen de mandats. D'un autre côté, l'honorable M. Persil ayant fait remarquer avec raison que l'indemnité devait être délivrée au propriétaire, en espèces, la commission a satisfait à cette observation, en ajoutant que la consignation devait s'effectuer en argent. »

Toutefois, la Chambre des pairs ne s'étant occupée que des travaux exécutés par l'État, on proposa, par amendement devant la Chambre des députés, de faire participer à la même faveur ceux exécutés par les départemens ou les communes. L'amendement fut accueilli en ce qui concernait les départemens, et rejeté quant aux communes. Pour les départemens, la caisse est la même que pour l'État, et les ordonnateurs sont aussi les mêmes. Le préfet ne peut d'ailleurs décerner de mandats qu'autant qu'un crédit lui a été ouvert. Les communes n'offriraient pas toujours les mêmes garanties de solvabilité.

(1) Lors de la discussion de la loi de 1833, M. Colomès a proposé cette espèce : « Une propriété vaut 2,000 fr., prix offert par l'administration et accepté par le propriétaire ; des

Art. 55. Si, dans les six mois du jugement d'expropriation, l'administration ne poursuit pas la fixation de l'indemnité, les parties pourront exiger qu'il soit procédé à ladite fixation (1).

Quand l'indemnité aura été réglée, si elle n'est ni acquittée ni consignée dans les six mois de la décision du jury, les intérêts courront de plein droit à l'expiration de ce délai (2).

créanciers interviennent pour une somme de 2,500 fr., et le jury décide que la propriété vaut 3,000 fr. Dans ce cas l'administration devra-t-elle consigner 3,000 fr. ou 2,500 fr.?

M. le rapporteur a répondu : « Elle consignera la somme « nécessaire pour garantir les droits des tiers, et remettra « le surplus au propriétaire. »

En effet, l'acceptation du propriétaire a été anéantie par l'effet du refus du créancier, et tout a été remis en question.

De même, si l'offre acceptée par le propriétaire était supérieure à l'indemnité déterminée par le jury, le propriétaire ne pourrait pas plus argumenter contre l'administration de son acceptation, que, dans le cas inverse, l'administration ne pourrait en argumenter contre lui. (Duvergier, *Coll. des lois*, t. 33, p. 305.)

= Il résulte des art. 1, 2 et 3 du tarif, que la consignation doit être faite en présence des ayant-droit ou eux dûment appelés.

(1) Elles devront, à cet effet, adresser une sommation au préfet, et si le préfet n'y défère pas, se plaindre au ministre ; car la loi ne leur donne pas d'autres moyens coërcitifs envers l'administration, et ne fixe point de délai dans lequel il doive être fait droit à leur réquisition.

(2) *Les intérêts courront de plein droit à l'expiration de ce délai.* La loi de 1833 ajoutait : *à titre de dédommagement.* Ces derniers mots ont été retranchés par la Chambre des

TITRE VI.

Dispositions diverses.

Art. 56. Les contrats de vente, quittances et autres actes relatifs à l'acquisition des terrains, peuvent être passés dans la forme des actes administratifs (1); la minute restera déposée au secré-

députés sur l'observation faite par M. Dugabé, qu'ils sembleraient imposer aux tribunaux l'obligation de ne pas accorder de dommages, lorsque, cependant, par un mépris évident des prescriptions de la loi, le propriétaire dépossédé éprouverait un grave préjudice.

« Il faut garder les droits de tous, a dit cet orateur, et si, « dans une grande pensée d'utilité publique, vous créez « contre la propriété une procédure exceptionnelle, que ce « soit à la condition de la dédommager, et dites bien que le « propriétaire n'a pas seulement le droit de toucher les in- « térêts des sommes dues, mais que, selon les circonstances, « il peut encore demander et obtenir des dommages. »

(1) Mais ils peuvent aussi être passés devant notaire, si l'administration le préfère. C'est ce qui, lors de la discussion de la loi de 1833, devant la Chambre des pairs, a été bien expliqué par M. Legrand, commissaire du roi, sur les observations duquel a été rejeté un amendement de la commission, tendant à rendre la forme administrative obligatoire pour tous les actes dont parle l'article.

Il faut observer, en outre, que, s'il s'agit de concessions faites par des compagnies, les préfets peuvent bien, s'ils le veulent, prêter leur concours pour la passation des actes; mais que s'ils s'y refusaient, on ne saurait les y contraindre.

— Les fonctionnaires qui ont qualité pour recevoir des

tariat de la préfecture : expédition en sera transmise à l'administration des domaines.

Art. 57. Les significations et notifications mentionnées en la présente loi sont faites à la diligence du préfet du département de la situation des biens.

Elles peuvent être faites tant par huissier que par tout agent de l'administration dont les procès-verbaux font foi en justice (1).

actes dans la forme administrative sont les préfets, sous-préfets, maires et adjoints. Chacun d'eux a qualité pour donner l'authenticité aux actes qu'il reçoit, et l'on ne pourrait en détruire la foi que par une inscription en faux. Il serait, en quelques localités, impossible de faire recevoir les contrats par les maires ; mais c'est aux préfets à choisir les fonctionnaires qui ont les lumières suffisantes pour rédiger ces actes avec exactitude et intelligence. (Delalleau, p. 418.)

= L'article dont nous nous occupons n'est que la reproduction de l'art. 12 de la loi du 8 mars 1810, et, déjà, cet article avait donné lieu à la question de savoir si les contestations qui peuvent s'élever relativement à l'exécution d'actes, ainsi passés dans la forme administrative, entre l'administration et les particuliers, sont de la compétence des tribunaux ordinaires.

L'affirmative a été jugée par un arrêt du Conseil d'État du 29 mars 1828. (Voir encore Delalleau, p. 420.)

(1) Tels sont les gardes du génie, les conducteurs des ponts-et-chaussées et les cantonniers, les gardes et agens forestiers, les agens de la navigation, les gardes-champêtres, les employés des contributions indirectes et des douanes, les gendarmes, etc.

= Voir sur la forme des exploits et les énonciations qu'ils doivent contenir les dispositions des art. 61 et 64 du Code de procédure.

Art. 58. Les plans, procès-verbaux, certificats, significations, jugemens, contrats, quittances et autres actes faits en vertu de la présente loi, seront visés pour timbre et enregistrés *gratis*, lorsqu'il y aura lieu à la formalité de l'enregistrement (1).

Il ne sera perçu aucun droit pour la transcription des actes au bureau des hypothèques.

Les droits perçus sur les acquisitions amiables faites antérieurement aux arrêtés des préfets, seront restitués, lorsque, dans le délai de deux ans, à partir de la perception, il sera justifié que les immeubles acquis sont compris dans ces arrêtés. La restitution des droits ne pourra s'appliquer qu'à la portion des immeubles qui aura été reconnue nécessaire à l'exécution des travaux (2).

(1) On appelle *visa pour timbre* la mention écrite par le préposé de l'administration de l'enregistrement, en tête d'une feuille de papier libre, que ce papier a été par lui visé pour tenir lieu de timbre.

Le visa pour timbre a toujours lieu *gratis*.

(2) Ces deux derniers paragraphes ont été ajoutés à la loi de 1833. Il a paru injuste de faire une distinction entre deux terrains également nécessaires à la confection d'un travail public ; de soumettre l'un au paiement des droits parce qu'il aurait été acquis à l'amiable avant l'exécution des formalités légales, tandis que l'autre, acquis postérieurement, en serait exempté. (Mon. du 13 mai 1840, p. 1031.)

= Les explications suivantes ont été données par M. Gillon, à la tribune de la Chambre des députés, sur le dernier paragraphe de l'art. 58 :

« Sans doute, a dit cet orateur, le mot *acquisition* est pris ici dans le sens le plus large ; ainsi on restituera aussi les

Art. 59. Lorsqu'un propriétaire aura accepté les offres de l'administration, le montant de l'indemnité devra, s'il l'exige et s'il n'y a pas eu contestation de la part des tiers dans les délais prescrits par les art. 24 et 27, être versé à la caisse des dépôts et consignations, pour être remis et distribué à qui de droit, selon les règles du droit commun.

Art. 60. Si les terrains acquis pour des travaux d'utilité publique ne reçoivent pas cette destination, les anciens propriétaires ou leurs ayant-droit peuvent en demander la remise (1).

droits perçus pour des marchés ou des traités relatifs à des constructions ou à des ouvrages de toute nature qui auront amélioré l'immeuble exproprié. De même la *justification* dont parle notre article, aura lieu sans frais aucuns; c'est là le sens véritable. Quant à l'action en réclamation, elle est enfermée dans le cercle de deux ans, espace ordinaire fixé pour réclamer, en matière d'enregistrement, toutes les restitutions auxquelles on croit avoir droit; et notre loi, conforme à la règle générale en pareille matière, entend aussi qu'aucune cause n'empêche ni ne suspende le cours de cette prescription bis-annuelle; voilà quel est l'esprit des dispositions, et je les vote. » (Monit. du 5 mars 1840.)]

= L'art. 58 est applicable au cas où des travaux d'utilité publique sont exécutés par des compagnies, comme à celui où ils le sont par l'État. (Arg. de l'art. 63.)

(1) Il a été bien expliqué à la tribune de la Chambre des députés que, par cette expression générale de *terrains acquis pour cause d'utilité publique*, il fallait entendre, non seulement les terrains expropriés et ceux ayant servi à l'exécution des travaux; mais encore les immeubles qu'on avait été obligé d'acquérir par suite des prescriptions de l'art. 50. (Monit. du 5 mars 1840.)

Le prix des terrains rétrocédés est fixé à l'amiable, et, s'il n'y a pas accord, par le jury, dans les formes ci-dessus prescrites. La fixation par le jury ne peut, en aucun cas, excéder la somme moyennant laquelle les terrains ont été acquis (1).

(1) Lors de la discussion de la loi de 1833, à la Chambre des députés, M. de Podenas a demandé la suppression de ce dernier paragraphe comme contenant une injustice au détriment de l'État. « Dès que l'État a acquis une propriété, disait-il, il la détient avec tous les droits et toutes les conditions garantis à chaque citoyen par la loi. Si donc la propriété, par lui achetée, a acquis une plus-value, il doit en profiter, et l'ancien propriétaire, qui rentre dans cette propriété, doit la payer tout ce qu'elle vaut. »

A cela, M. Legrand, commissaire du roi, et M. Martin (du Nord), rapporteur de la commission, ont répondu que M. de Podenas, en supposant que les terrains dont il était ici question acquerraient, entre les mains de l'État, une augmentation de valeur, se plaçait dans une hypothèse qui ne devait jamais se réaliser, puisque l'article était fait précisément pour le cas *où l'entreprise projetée serait abandonnée et où les travaux d'utilité publique ne s'exécuteraient pas*.

On a conclu de ces explications que l'art. 60 ne serait pas applicable, si les travaux s'exécutaient, et que, seulement, tous les terrains expropriés ne fussent pas employés pour leur exécution ; mais le texte n'admet pas cette restriction, et M. Duvergier fait observer avec raison que des opinions émises à la tribune ne peuvent prévaloir contre un texte aussi positif que l'est celui de l'art. 60. (T. 33, p. 306.)

Nous pensons également que l'article qui nous occupe doit recevoir son application toutes les fois que des terrains volontairement acquis par l'administration n'ont point été employés aux travaux projetés, et que, seulement, MM. Martin et Legrand, en combattant l'amendement de M. de Podenas, se sont préoccupés du cas qui devait arriver le plus souvent.

Art. 61. Un avis, publié de la manière indiquée en l'art. 6, fait connaître les terrains que l'administration est dans le cas de revendre. Dans les trois mois de cette publication, les anciens propriétaires qui veulent réacquérir la propriété desdits terrains sont tenus de le déclarer; et, dans le mois de la fixation du prix, soit amiable, soit judiciaire, ils doivent passer le contrat de rachat et payer le prix : le tout à peine de déchéance du privilége que leur accorde l'article précédent (1).

Art. 62. Les dispositions des art. 60 et 61 ne sont pas applicables aux terrains qui auront été acquis sur la réquisition du propriétaire, en vertu de l'art. 50, et qui resteraient disponibles après l'exécution des travaux.

Art. 63. Les concessionnaires des travaux publics exerceront tous les droits conférés à l'administration, et seront soumis à toutes les obliga-

= Il faut remarquer que le droit des propriétaires est le même, soit que les terrains aient été achetés à l'amiable, soit qu'ils aient été expropriés. L'article se sert du mot *acquis*, qui comprend les deux cas.

= Voyez l'ordonnance du 22 mars 1835, imprimée à la suite de la présente loi, ci-après, p. 148.

Voyez aussi l'art. 51 et la note.

(1) Les contrats de rachat faits en vertu de cet article ne sont pas exempts du droit de mutation.

Cette exemption était dans le projet de la loi de 1833; mais elle a été rejetée, par la Chambre des députés, sur l'observation, faite par le directeur de l'enregistrement, que ce serait au vendeur qu'elle profiterait, en ce qu'elle serait prise en considération, dans la fixation du prix par lequel il vendrait sa propriété.

tions qui lui sont imposées par la présente loi (1).

Art. 64. Les contributions de la portion d'immeuble qu'un propriétaire aura cédée, ou dont il aura été exproprié pour cause d'utilité publique, continueront à lui être comptées pendant un an, à partir de la remise de la propriété, pour former son cens électoral (2).

(1) Il importe de remarquer que les concessionnaires ne sont subrogés que dans les droits conférés à l'administration par la loi actuelle, et non dans ceux qu'elle tient d'autres lois. Ainsi, les concessionnaires ne pourraient charger les procureurs du roi de la défense de leurs intérêts devant les cours et tribunaux. (Delalleau, p. 484.)

= Les préfets agissent tantôt comme fonctionnaires, tantôt comme agens et représentans des administrations qui font exécuter les travaux. Dans tous les cas où les préfets exercent le pouvoir qui leur est délégué comme fonctionnaires, la circonstance que les travaux sont exécutés par des concessionnaires ne change rien à leurs attributions; mais les concessionnaires sont substitués aux préfets pour tous les actes où le préfet n'intervient que comme agent d'une administration publique. (Idem.)

= Quand le concessionnaire a mis en société sa concession, il n'est point déchu par là du droit de provoquer, en son nom, l'expropriation.

Ainsi jugé par arrêt de la Cour de cassation du 6 janvier 1836, rapporté au Journal du Palais, 2e éd., t. LXIV, p. 405.

(2) Lors de la discussion de la loi de 1833, un député, M. Levaillant, proposa d'ajouter que les contributions compteraient, non seulement pour former le cens électoral, mais aussi pour le cens d'éligibilité. M. le président de la Chambre des députés fit remarquer que cette addition était inutile, et que, dès l'instant que les contributions continue-

TITRE VII.

Dispositions exceptionnelles.

CHAPITRE Ier (1).

Art. 65. Lorsqu'il y aura urgence de prendre

raient à être comptées, elles le seraient avec tous les effets qu'elles avaient auparavant. (Mon. du 9 février 1833, p. 330.)

(1) Toutes les dispositions contenues en ce premier chapitre n'existaient pas dans la loi de 1833 et constituent la principale innovation de la loi actuelle.

Souvent il arrivait que, sur une ligne importante de travaux, un seul propriétaire se montrait récalcitrant aux offres amiables qui lui étaient faites pour la cession de son terrain, et, par une résistance calculée, obtenait des indemnités considérables, l'administration trouvait encore plus d'avantage à satisfaire ses injustes exigences qu'à suivre, pour lui seul, toute la longue série des formalités de la loi.

Les art. 65 et suivans ont pour objet de déjouer ces déplorables spéculations en autorisant, pour les cas d'urgence, la prise de possession des terrains expropriés aussitôt après le jugement qui prononce l'expropriation et avant le réglement des indemnités.

Quelque évidens que fussent les avantages de cette mesure, ce n'a point été sans de vives oppositions et de longues résistances qu'elle a été accueillie par les Chambres.

Plusieurs membres l'ont dénoncée comme violant l'art. 9 de la Charte constitutionnelle, aux termes duquel l'État ne peut exiger le sacrifice d'une propriété privée, même pour cause d'utilité publique, que moyennant une indemnité préalable.

D'autres ont signalé l'emploi abusif qu'on en pourrait

possession des terrains non bâtis (1) qui seront soumis à l'expropriation, l'urgence sera spéciale-

faire et ont témoigné la crainte que toutes les garanties, stipulées en faveur de la propriété, dans les autres parties de la loi, ne vinssent s'effacer devant ces dispositions exceptionnelles.

Puis la dignité de la magistrature n'allait-elle pas souffrir du droit conféré au jury de réformer, par la fixation définitive de l'indemnité, une décision émanée d'un tribunal ?

Enfin, on a été jusqu'à mettre en doute l'économie de temps que pouvait procurer la procédure exceptionnelle, substituée à la procédure ordinaire.

A tout cela il a été répondu, que déjà la loi du 30 mars 1831, sur les travaux de fortifications militaires, offrait l'exemple de dépossessions préalables au paiement des indemnités; que la consignation préalable d'une somme, provisoirement fixée par le tribunal, donnait à la propriété toutes les garanties désirables, et que le jury, venant ensuite déterminer d'une manière définitive le montant des indemninés, ne pouvait être considéré comme réformant la décision du tribunal qui n'avait fait que mettre un gage dans la main des expropriés. Enfin, à l'aide de calculs soigneusement faits, M. Dalloz a clairement prouvé que, si la procédure ordinaire ne pouvait jamais durer moins de 90 jours, à partir du jugement d'expropriation, celle qu'il s'agissait d'établir, pour les cas d'urgence, ne devait durer que 20 jours, ce qui était d'un immense avantage dans des circonstances où souvent tant de capitaux sont engagés et où le temps est si précieux.

(1) *Terrains non bâtis*. Les dispositions qui vont suivre ne pourraient s'appliquer aux *terrains bâtis*, parce qu'une fois les constructions abattues, il deviendrait difficile, souvent même impossible, au jury, de se rendre compte de leur valeur.

ment déclarée par une ordonnance royale (1).

Art. 66. En ce cas, après le jugement d'expropriation, l'ordonnance qui déclare l'urgence et le jugement seront notifiés, conformément à l'art. 15, aux propriétaires et aux détenteurs, avec assignation devant le tribunal civil (2). L'assignation sera donnée à trois jours au moins; elle énoncera la somme offerte par l'administration.

Art. 67. Au jour fixé, le propriétaire et les détenteurs seront tenus de déclarer la somme dont ils demandent la consignation avant l'envoi en possession.

Faute par eux de comparaître, il sera procédé en leur absence.

Art. 68. Le Tribunal fixe le montant de la somme à consigner (3).

(1) *Par une ordonnance royale.* Dans le projet primitif, présenté aux Chambres, un arrêté du préfet devait suffire pour déclarer l'urgence; mais on a cru donner plus de garanties à la propriété en faisant intervenir le pouvoir royal. Du reste, il a été bien entendu que l'ordonnance pourrait être rendue avant comme après le jugement qui prononce l'expropriation; seulement elle ne pourra être exécutée qu'après ce jugement, comme nous allons le voir dans l'article suivant. (Mon. du 10 mars 1841, p. 602.)

(2) D'après le projet primitif, une ordonnance du président, rendue en référé, aurait suffi. L'intervention du tribunal entier est encore une garantie de plus donnée à la propriété.

(3) *Fixe le montant de la somme à consigner.* Cette somme dont le tribunal ordonne la consignation devient le gage du

Le Tribunal peut se transporter sur les lieux, ou commettre un juge (1) pour visiter les terrains, recueillir tous les renseignemens propres à en déterminer la valeur, et en dresser, s'il y a lieu, un procès-verbal descriptif.

Cette opération devra être terminée dans les cinq jours, à dater du jugement qui l'aura ordonnée.

Art. 69. La consignation doit comprendre, outre le principal, la somme nécessaire pour assurer, pendant deux ans, le paiement des intérêts à 5 p. 0/0.

Art. 70. Sur le vu du procès-verbal de consignation, et sur une nouvelle assignation à deux jours de délai au moins, le président ordonne la prise de possession.

propriétaire, aussi doit-elle être suffisante pour répondre de l'indemnité que plus tard le jury fixera.

« Dans la pensée de la commission, a dit M. le rapporteur, devant la Chambre des députés, ce ne sera jamais la valeur précise de l'immeuble que le tribunal fera consigner ; ce sera le *maximum* de la valeur de cet immeuble, ce sera une somme suffisante pour garantir le propriétaire contre toutes les éventualités. »

(1) *Commettre un juge.* Si le tribunal se trouvait éloigné du lieu où sont situés les terrains dont l'appréciation est à faire, il pourrait commettre, pour l'examen de ces terrains, le juge de paix du lieu. C'est un droit qui, déjà, résultait pour lui des dispositions de l'art. 1035 du Code de procédure civile et qui a été reconnu lui appartenir, spécialement pour le cas qui nous occupe, lors de la discussion de la Chambre des députés.

Art. 71. Le jugement du tribunal et l'ordonnance du président sont exécutoires sur minute et ne peuvent être attaqués par opposition ni par appel (1).

Art. 72. Le président taxera les dépens, qui seront supportés par l'administration (2).

Art. 73. Après la prise de possession, il sera, à la poursuite de la partie la plus diligente, procédé à la fixation définitive de l'indemnité, en exécution du titre 4 de la présente loi.

Art. 74. Si cette fixation est supérieure à la somme qui a été déterminée par le tribunal, le supplément doit être consigné dans la quinzaine (3) de la notification de la décision du jury, et, à défaut, le propriétaire peut s'opposer à la continuation des travaux.

(1) Le pourvoi en cassation n'étant pas suspensif, il n'y avait aucun inconvénient à l'autoriser, et la prohibition que contenait, à cet égard, le projet primitif a été très justement supprimée par la commission de la Chambre des députés.

(2) C'est-à-dire les dépens nécessités par la consignation et l'envoi en possession provisoire; car, quant à ceux auxquels doit donner lieu, plus tard, le réglement définitif de l'indemnité, ils seront supportés par l'administration ou par le propriétaire, suivant les règles tracées en l'art. 40.

(3) Le projet de loi n'accordait qu'un délai de huitaine, le commissaire du roi a demandé qu'il fût porté à la quinzaine, à cause des formalités qui sont à remplir pour faire sortir les fonds de la caisse.

CHAPITRE II.

Art. 75. Les formalités prescrites par les titres 1 et 2 de la présente loi ne sont applicables ni aux travaux militaires (1) ni aux travaux de la marine royale (2).

Pour ces travaux, une ordonnance royale dé-

(1) Il s'agit ici des travaux militaires, non urgens; car, pour ceux qui présentent de l'urgence, c'est l'article suivant et la loi du 30 mars 1831 qui sont applicables.

(2) La loi ne distingue pas, quant aux travaux de la marine royale, entre ceux qui sont urgens et ceux qui ne le sont pas. Cette omission que déplore M. Tarbé de Vauxclaire, dans son dictionnaire des travaux publics (V. Expropriation, p. 265), nous paraît, à nous, peu regrettable, depuis surtout les dispositions exceptionnelles, introduites dans la loi actuelle, pour tous les cas d'urgence, par les art. 85 et suivans. Assurément la combinaison de ces articles avec celui qui nous occupe peut amener, dans les expropriations nécessitées par les travaux urgens de la marine royale, toute la célérité désirable.

= La Cour de cassation a jugé, par arrêt du 22 septembre 1834, que si, dans les art. 10, 13 et 57, la dénomination de *préfet* devait s'entendre plus particulièrement *du préfet civil*, cependant, lorsqu'il s'agissait d'expropriations pour travaux utiles au service de la marine, le *préfet maritime* avait manifestement qualité à l'effet de tenter des conventions amiables; et, à défaut de ces conventions, de mettre en action le ministère du procureur du roi, en lui transmettant les pièces nécessaires pour requérir les expropriations. (Cité par M. Delalleau, Traité de l'Exp., p. 530.)

termine les terrains qui sont soumis à l'expropriation (1).

Art. 76. L'expropriation ou l'occupation temporaire, en cas d'urgence, des propriétés privées qui seront jugées nécessaires pour des travaux de fortification, continueront d'avoir lieu conformément aux dispositions prescrites par la loi du 30 mars 1831.

Toutefois, lorsque les propriétaires ou autres

(1) Ainsi n'auront pas lieu, 1° l'enquête administrative qui doit précéder l'adoption des travaux ordinaires; 2° l'arrêté du préfet qui désigne les localités ou territoires; 3° l'enquête particulière établie par le titre II de la loi; et 4° l'arrêté du préfet qui détermine les propriétés à exproprier.

On conçoit aisément les motifs de cette exception; d'abord l'emplacement des ouvrages de fortifications est déterminé par leur nature même; puis ne serait-il pas monstrueux, comme l'a dit avec raison M. Charles Dupin à la Chambre des députés, lors de la discussion de la loi de 1833 (Mon. du 9 février, p. 330), de constituer des commissions d'enquête qui viendraient discuter, d'après des intérêts particuliers et souvent égoïstes, les avantages et les inconvéniens de plans militaires, conçus par le Gouvernement? Il s'agit ici d'un intérêt trop grand pour qu'on puisse le mettre en parallèle avec l'intérêt privé qui, d'ailleurs, se trouve suffisamment garanti par l'indemnité préalable.

= L'ordonnance qui désigne les terrains est presque toujours rendue sur un plan dressé par les ingénieurs militaires; si le plan est annexé à l'ordonnance, il ne fait qu'un avec elle, et l'ordonnance n'a pas besoin de répéter les énonciations qui se trouvent sur ce plan. (Arrêt de cass. du 22 décembre 1834; Dalloz, 1835, p. 112.)

intéressés n'auront pas accepté les offres de l'administration, le réglement définitif des indemnités aura lieu conformément aux dispositions du tit. 4 ci-dessus.

Seront également applicables aux expropriations poursuivies en vertu de la loi du 30 mars 1831, les art. 16, 17, 18, 19 et 20, ainsi que le tit. VI de la présente loi (1).

(1) Il peut y avoir une grande urgence à exécuter promptement des travaux de fortifications militaires, et la loi du 30 mars 1831 prescrit pour ce cas une procédure particulière d'expropriation plus expéditive et plus prompte que celle établie par la loi du 8 mars 1810.

Lors de la discussion de la loi du 7 juillet 1833, il s'est agi de coordonner, avec la nouvelle législation, cette loi du 30 mars 1831, et tel a été l'objet de l'art. 66 devenu l'art. 76 de la loi actuelle.

= Déjà sous l'empire de la loi du 7 juillet 1833, M. Delalleau regardait comme fort douteux que les mesures exceptionnelles de la loi du 30 mars 1831 offrissent plus d'avantages à l'administration que la législation ordinaire, telle qu'elle est modifiée, pour les travaux militaires et les travaux de la marine, par l'article précédent. Aujourd'hui que les art. 65 et suivans permettent, en toute matière, pourvu qu'il y ait urgence déclarée, l'expropriation préalable au réglement des indemnités, il pourra se faire que le Gouvernement préfère l'emploi des dispositions autorisées par ces art. 65 et suivans, aux formes établies par la loi de 1831. Nous ferons toutefois observer que les art. 65 et suivans ne sont point applicables aux propriétés bâties, et que leurs dispositions ne pourront être suivies chaque fois qu'il existera des constructions sur les terrains à exproprier.

= La loi du 30 mars 1831 se trouvant par cet article en

TITRE VIII.

Disposition finale.

Art. 77. Les lois des 8 mars 1810 et 7 juillet 1833 sont abrogées (1).

quelque sorte incorporée à la loi dont nous avons entrepris le commentaire, on la trouvera imprimée ci-après, p. 149.

(1) L'art. 67 de la loi du 7 juillet 1833 portait : « La loi « du 8 mars 1810 est abrogée,

« *Les dispositions de la présente loi seront appliquées dans « tous les cas où les lois se réfèrent à celle du 8 mars* 1810. »

Faut-il conclure de la suppression de ce dernier paragraphe, que la loi nouvelle ne doit pas être appliquée dans les cas où des lois particulières se réfèrent, soit à celle du 8 mars 1810, soit à celle du 7 juillet 1833?

Non, sans doute; lorsque ce paragraphe qui avait été conservé par la Chambre des pairs, a été supprimé par la Chambre des députés, rien n'a été dit qui puisse autoriser une pareille interprétation.

Déjà, lors de la discussion de la loi de 1833 à la Chambre des députés, le paragraphe qui nous occupe, et qui n'a été introduit dans cette loi que par la commission de la Chambre des pairs, n'existant pas, un membre, M. Durreault, fit remarquer à la Chambre que la loi du 28 juillet 1824, sur les chemins vicinaux, renvoyait à la loi de 1810, et que, comme cette dernière loi allait être abrogée, il serait peut-être à propos qu'une disposition expresse renvoyât, pour les cas prévus par la loi du 28 juillet 1824, à la loi de 1833.

M. Dupin, président, répondit : « On renvoie à une loi « abrogée par celle que nous discutons, donc on renvoie à « cette dernière. » (Mon. du 10 février 1833.)

C'est, sans doute, le même principe qui, lors de la discussion de la loi actuelle, a fait rejeter comme inutile le dernier paragraphe de l'art. 67 de la loi de 1833. Et, malgré ce rejet, nous devons tenir pour constant que, chaque fois qu'une loi spéciale se réfère, soit à la loi de 1810, soit à celle de 1833, c'est la loi actuelle qui doit être appliquée ; car, en abrogeant et en remplaçant les lois de 1810 et de 1833, elle est devenue la loi générale de la matière, et, à moins de dérogations formelles, apportées à ses dispositions par des lois spéciales, c'est par ses principes que doivent être régies toutes les questions relatives à l'expropriation pour cause d'utilité publique.

= Parmi les lois spéciales qui dérogent à la loi actuelle, se place, en première ligne, la loi du 21 mai 1836, *sur les chemins vicinaux;* cette loi prévoit deux cas d'expropriation pour chacun desquels elle établit un mode particulier de réglement des indemnités. Le premier cas est mentionné en l'art. 15 ; c'est celui où il ne s'agit que de la reconnaissance et de la fixation de la largeur d'un chemin vicinal. Alors l'arrêté du préfet, portant cette reconnaissance et cette fixation de largeur, attribue définitivement au chemin le sol compris dans les limites qu'il détermine, et le droit des propriétaires riverains se résout en une indemnité qui est réglée à l'amiable, ou par le juge-de-paix du canton, sur le rapport de deux experts nommés, l'un par le sous-préfet, l'autre par le propriétaire, et, en cas de discord, d'un tiers expert nommé par le conseil de préfecture (Art. 15 et 17). Le second cas qui est prévu par l'art. 16, est celui, beaucoup plus grave, où il s'agit du redressement, ou de l'ouverture, d'un chemin vicinal. Ici le respect dû à la propriété commandait l'emploi de formes moins sommaires : car, s'il peut y avoir urgence à maintenir le public en possession d'un chemin dont il jouit déjà, il n'y en a plus lorsqu'il s'agit de le mettre en possession d'une voie de communication qui ne lui a jamais encore été ouverte. Toutefois le législateur a compris que, pour des expropriations aussi peu considérables que le sont celles que nécessite le redressement ou l'ouverture des chemins vicinaux, même de ceux dits de *grande communica-*

tion, il ne fallait pas exiger l'accomplissement de toutes les formalités tracées par la loi du 7 juillet 1833, en vue de travaux bien plus importans, et l'art. 16, précité, contient pour ce cas les dispositions suivantes :

« Les travaux d'ouverture et de redressement des chemins vicinaux seront autorisés par arrêté du préfet.

« Lorsque, pour l'exécution du présent article, il y aura « lieu de recourir à l'expropriation, le jury spécial chargé « de régler les indemnités ne sera composé que de quatre « jurés. Le tribunal d'arrondissement, en prononçant l'ex« propriation[1], désignera, pour présider et diriger le jury, « l'un de ses membres ou le juge-de-paix du canton. Ce ma« gistrat aura voix délibérative en cas de partage.

« Le tribunal choisira, sur la liste générale prescrite par « l'art. 29 de la loi du 7 juillet 1833 (V. le même article de la « loi actuelle), quatre personnes pour former le jury spécial, « et trois jurés supplémentaires. L'administration et la par« tie intéressée auront respectivement le droit d'exercer une « récusation péremptoire.

« Le juge recevra les acquiescemens des parties.

« Son procès-verbal emportera translation définitive de « propriété.

« Le recours en cassation, soit contre le jugement qui « prononcera l'expropriation, soit contre la déclaration du « jury qui réglera l'indemnité, n'aura lieu que dans les cas « prévus, et selon les formes déterminées par la loi du 7 juil« let 1833. »

On voit en quoi cet article déroge au système général de la loi de 1833 reproduit par la loi actuelle.

D'abord il supprime l'enquête administrative ; puis il remplace par un simple arrêté préfectoral, la loi ou l'ordonnance du roi, déclarative de l'utilité publique. Enfin, au jury de douze membres, il substitue un jury composé de quatre membres seulement, et donne au magistrat-directeur voix délibérative en cas de partage.

Un troisième cas, qui est prévu par la loi du 21 mai 1836,

comme pouvant donner lieu à des indemnités, mais ne constitue pas une expropriation proprement dite, est celui où il y a lieu, soit à des extractions de matériaux, soit à des dépôts ou enlèvemens de terre, soit enfin à l'occupation temporaire de certains terrains. L'art. 17 veut qu'alors l'arrêté du préfet qui autorise ces extractions, dépôts et enlèvemens, etc..., désigne les lieux où ils doivent se faire, et soit notifié aux parties intéressées, au moins huit jours avant que son exécution puisse être commencée.

« Si l'indemnité ne peut être fixée à l'amiable, porte le « même article, elle sera réglée par le conseil de préfecture, « sur le rapport d'experts nommés, l'un par le sous-préfet, « l'autre par le propriétaire. En cas de discord, le tiers ex« pert sera nommé par le conseil de préfecture. »

Cette disposition est, comme on le voit, entièrement conforme à l'art. 4 de la loi du 28 pluviose an VIII, que nous avons cité dans nos notes sur l'art. 48 de la loi actuelle.

Nous ne finirons pas sur cette matière sans faire observer qu'aux termes de l'art. 18 de la loi du 21 mai, l'action en indemnité des propriétaires, pour les terrains qui ont servi à la confection des chemins vicinaux, et pour extraction de matériaux, se prescrit par le laps de deux ans.

= Les *halles* sont également soumises à une législation spéciale qui ne peut être considérée comme entièrement abrogée par la loi actuelle.

En effet, l'art. 19 du tit. II de la loi des 15-28 mars 1790, après avoir supprimé le droit de *hallage*, comme tous les autres droits féodaux, ajoute : « Mais les bâtimens et halles « continueront d'appartenir à leurs propriétaires, sauf à eux « à s'arranger à l'amiable, soit pour le loyer, soit pour l'alié« nation, avec les municipalités des lieux; et les difficultés qui « pourront s'élever, à ce sujet, seront soumises à l'arbitrage « des assemblées administratives. »

Ainsi, non seulement la cause d'utilité publique qui sert de principe à l'expropriation résulte ici de la destination même des bâtimens ; mais elle est formellement reconnue par cette loi de 1790.

Les formalités du tit. II de la loi dont nous nous occupons, n'ayant pour objet que la constatation de l'utilité publique, deviennent donc inutiles lorsqu'il s'agit d'une halle appartenant à un particulier et qu'une commune veut acquérir ; mais, quant à tout ce qui concerne, soit la prononciation de l'expropriation par autorité de justice, soit le réglement des indemnités par le jury, les dispositions de la loi actuelle doivent seules être suivies.

C'est ce qui résulte bien positivement d'un arrêt du Conseil du 2 juin 1819, cité par M. Favard de Langlade, dans son répertoire de législation (v° *Halles*). Il est dit dans les motifs de cette ordonnance que, si, aux termes de la loi du 28 mars 1790, les communes ont le droit de louer ou d'acquérir les halles établies sur leur territoire, le prix de vente ou de location n'en peut être fixé que d'après les formes prescrites par la loi du 8 mars 1810. Or, la loi de 1810 ayant été remplacée par la loi actuelle, c'est conformément à cette dernière loi, c'est-à-dire devant un jury spécial, que les indemnités doivent se régler lorsqu'il s'agit d'une halle, comme lorsqu'il s'agit de toute autre propriété.

— La loi du 21 avril 1810 sur les *mines* prescrit encore un mode tout particulier d'expropriation, pour le cas, tout particulier, en effet, où ce n'est pas le sol, c'est-à-dire la surface d'un terrain qu'il s'agit d'exproprier ; mais le dessous de ce terrain, ce qu'on appelle *le tréfonds*.

On comprend pour ce cas la nécessité de règles exceptionnelles ; car, à proprement parler, le propriétaire de la surface n'éprouve pas un préjudice appréciable. Rien n'est changé à la culture de son champ, à l'exploitation, de ses bâtimens....

L'indemnité qui lui est due ne peut donc s'évaluer d'après les bases ordinaires ; d'un autre côté, il ne s'agit point là d'un tracé qui puisse être modifié suivant des convenances privées, et les formalités, prescrites par le titre II de la loi actuelle et qui ont ces convenances pour objet, seraient parfaitement inutiles.

Aussi l'art. 6 de la loi du 21 avril 1810 dispose-t-il que les droits des propriétaires de la surface, sur le produit des mines concédées, est réglé par l'acte de concession.

Cet acte de concession est, aux termes de l'article précédent, délibéré en Conseil d'État. Ainsi, en cette matière, c'est l'administration qui prononce l'expropriation et règle l'indemnité due au propriétaire exproprié. « Le législateur, dit M. Delalleau, a cru sans doute que l'on avait donné à la propriété une garantie suffisante en rendant publique la demande en concession, et en autorisant les intéressés à faire valoir leurs réclamations jusqu'à ce que la concession fût accordée. » (Traité de l'Expropriation, n° 865.)

Les art. 43 et 44 de la même loi du 21 avril 1810 s'occupent des cas où, soit pour l'exploration, soit pour l'exploitation des mines, des travaux sont faits à la surface.

Si ces travaux ne sont que passagers, et si le sol où ils ont été faits peut être mis en culture au bout d'un an, comme il l'était auparavant, l'indemnité est réglée au double de ce qu'aurait produit net le terrain endommagé. Si la privation dure plus d'un an, ou si, après les travaux, les terrains ne sont plus propres à être cultivés, les propriétaires des mines peuvent être contraints à acquérir ces terrains et ils doivent les payer le double de la valeur qu'ils avaient avant l'exploitation de la mine.

Quant au mode à suivre pour cette évaluation, l'art. 44 de la loi du 21 avril renvoie au titre XI de la loi du 16 septembre 1807 sur le dessèchement des marais; mais nous pensons, avec M. Cormenin (t. II, p. 521) et M. Delalleau (n° 868), qu'il y a dans ce renvoi une erreur qui tient à ce que l'art. 44 de la loi du 21 avril, quoique promulguée postérieurement à la loi du 10 mars 1810, avait cependant été adopté dès 1809, c'est-à-dire à une époque où on ne s'occupait pas encore de l'expropriation pour cause d'utilité publique, et où la loi du 16 septembre 1807 était la seule qui réglât cette matière.

La loi de 1807 ayant été modifiée par la loi du 10 mars 1810 qui, elle-même, a été remplacée par la loi du 7 juillet

1833, puis par la loi actuelle ; ce serait dans les formes prescrites par cette dernière loi, c'est-à-dire par un jury spécial, que l'évaluation des indemnités, dues en vertu de la loi du 21 avril 1810, devrait aujourd'hui avoir lieu.

= La loi du 16 septembre 1807 soumettait la propriété des *marais* à des conditions particulières, et l'art. 24 de cette loi réglait les formes à suivre pour les expropriations auxquelles leur dessèchement pouvait donner lieu.

Dans leur Code des municipalités MM. Gillon et Stourm ont exprimé l'opinion que les formes de cet art. 24 devraient encore être suivies en matière de dessèchemens de marais, mais MM. Toullier (t. III, n° 286), de Cormenin (t. II, p. 309), Favard (v° Expropriation, n° 15), Proud'hon (t. V, p. 228), Delalleau (n° 857 et suiv.), et Isambert (n° 229 et 230), ont pensé, au contraire, avec beaucoup de raison suivant nous, que l'art. 24 de la loi de 1807 se trouvait compris dans l'abrogation prononcée par l'art. 27 de la loi du 8 mars 1810, ainsi conçu : « Les dispositions de la loi du 16 « septembre 1807 ou de toutes autres lois qui se trouve« raient contraires aux présentes sont rapportées. »

= Enfin, cette même loi du 16 septembre 1807 contient sur *les alignemens* les dispositions suivantes qui ne sont point abrogées par la loi actuelle et que nous devons faire connaître ; car leur application est de tous les jours.

« Art. 50. Lorsqu'un propriétaire fait volontairement dé« molir sa maison, lorsqu'il est forcé de la démolir pour « cause de vétusté, il n'a droit à indemnité que pour la va« leur du terrain délaissé, si l'alignement qui lui est donné « par les autorités compétentes le force à reculer sa con« struction.

« Art. 51. Les maisons et bâtimens, dont il serait néces« saire de faire démolir et d'enlever une portion, pour cause « d'utilité publique légalement reconnue, seront acquis en « entier, si le propriétaire l'exige; sauf à l'administration pu« blique, ou aux communes, à revendre les portions de bâti« mens ainsi acquises et qui ne seront pas nécessaires pour

« l'exécution du plan. La cession par le propriétaire à l'administration publique ou à la commune, et la revente, seront effectuées d'après un décret rendu en conseil d'État sur le rapport du ministre de l'intérieur, dans les formes « prescrites par la loi.

« Art. 52. Dans les villes, les alignemens pour l'ouverture des nouvelles rues, pour l'élargissement des anciennes « qui ne font point partie d'une grande route, ou pour tout « autre objet d'utilité publique, seront donnés par les maires, « conformément au plan dont les projets auront été adressés « aux préfets, transmis avec leur avis au ministre de l'intérieur, et arrêtés en conseil d'État.

« En cas de réclamations de tiers intéressés, il sera de même « statué en conseil d'État sur le rapport du ministre de l'intérieur.

« Art. 53. Au cas où, par les alignemens arrêtés, un propriétaire pourrait recevoir la faculté de s'avancer sur la « voie publique, il sera tenu de payer la valeur du terrain « qui lui sera cédé. Dans la fixation de cette valeur les experts auront égard à ce que le plus ou le moins de profondeur du terrain cédé, la nature de la propriété, le reculement du reste du terrain bâti ou non bâti, loin de la « nouvelle voie, peuvent ajouter ou diminuer de valeur relative pour le propriétaire.

« Au cas où le propriétaire ne voudrait pas acquérir, l'administration publique est autorisée à le déposséder de l'ensemble de sa propriété, en lui payant la valeur telle qu'elle « était avant l'entreprise des travaux. La cession et la revente « seront faites comme il a été dit en l'art. 51 ci-dessus.

« Art. 54. Lorsqu'il y aura lieu en même temps à payer « une indemnité à un propriétaire pour terrains occupés et « à recevoir de lui une plus-value pour des avantages acquis « à ses propriétés restantes, il y aura compensation jusqu'à « concurrence ; et le surplus seulement, selon les résultats, « sera payé au propriétaire ou acquitté par lui. »

On voit que ces articles ne distinguent pas entre le cas où il s'agit d'ouvrir une nouvelle rue, et celui où il est seulement question d'en élargir une ancienne ; d'où suit que, dans l'un comme dans l'autre, l'administration peut procéder par voie d'alignement. Or, comme, suivant d'anciens réglemens qui sont encore appliqués tous les jours, il est défendu de réparer les maisons frappées d'alignement ; il suffirait à l'administration de faire dresser un plan qui ne serait peut-être jamais exécuté pour frapper d'interdit et vouer à une ruine certaine une foule de maisons et d'édifices.

Cet inconvénient a été signalé avec beaucoup d'énergie par plusieurs députés lors de la discussion de la loi de 1833. Un amendement fut même proposé par M. Daguilhon, ayant pour objet de distinguer les deux cas confondus par la loi de 1807, et de n'autoriser l'application des anciens réglemens qui interdisent de réparer les maisons frappées d'alignement, qu'au cas où il s'agit, non de l'ouverture d'une nouvelle rue ou d'une nouvelle place, mais de l'élargissement ou du redressement d'une rue ou d'une place déjà existante.

Cet amendement chaleureusement soutenu par son auteur et par M. Charlemagne ne fut rejeté que parce qu'il parut inutile après les explications très formelles et très précises données par le commissaire du roi, M. Legrand.

« Il ne suffit pas, dit M. le commissaire du roi, que le projet d'une communication nouvelle soit arrêté pour que les terrains et bâtimens qui se trouvent sur la ligne deviennent à l'instant même frappés des servitudes essentiellement inhérentes aux bâtimens et terrains situés le long des routes déjà ouvertes. Ces servitudes ne sont que le prix des avantages que procure la jouissance de la communication : si ces avantages n'existent pas, et ils n'existent pas si la communication n'est pas ouverte, les servitudes ne doivent pas être invoquées. En un mot, les servitudes ne peuvent être antérieures à l'ouverture de la route, ou du canal, ou de la rue nouvelle, puisqu'elles ne dérivent que de l'existence même de ces communications. Quand il s'agit de les ouvrir pour la première fois, ce n'est pas par mesure d'alignement qu'on doit procéder, mais par voie d'expropriation. Il faut, dans ce cas, acheter, et payer dans leur entière valeur, les terrains et bâtimens qui doivent servir d'emplacement aux travaux; et toute interdiction de bâtir ou de réparer, qui reposerait uniquement sur un plan arrêté dans le cabinet, et lorsqu'il n'y a encore ni route, ni canal, ni rue, serait une interdiction contraire à l'esprit de la loi. »

Malgré l'autorité de ce commentaire officiel donné à la loi de 1807 et la vérité des principes sur lesquels il repose, deux arrêts de cassation des 4 mai et 5 juillet 1833 (Sirey, t. XXXIII, 1re partie, pages 465 et 863) ont encore décidé que l'on pouvait, en procédant par voie d'alignement, frapper d'interdiction des propriétés, bien que les rues nouvelles ne soient point ouvertes actuellement, et qu'elles n'existent qu'en projet; mais un arrêt plus récent de la même cour, rendu le 24 novembre 1837, sur les conclusions conformes et longuement développées de M. le procureur général Dupin, décide en principe que les terrains désignés par le plan d'alignement d'une ville pour faire partie d'une rue projetée ne sont pas, dès lors, considérés comme frappés d'interdit, au point que le propriétaire ne puisse plus y élever de constructions sans autorisation préalable; que celui-ci ne peut être privé du droit de construire, qu'autant que, le projet de rue ayant reçu son exécution, il aura été préalablement exproprié et indemnisé. (Journal du Palais, t. II de 1837, p. 538.)

Espérons que cet arrêt fixera définitivement la jurisprudence dans un sens qui, seul, est conforme aux vrais principes du droit et aux intérêts les plus pressans de la propriété.

Il nous reste à faire une observation importante sur le mode d'évaluation des terrains abandonnés par les propriétaires de maisons démolies. C'est que cette évaluation doit être faite par un jury spécial, conformément à la loi actuelle, et non dans les formes établies par la loi de 1807. C'est là ce qui, lors de la discussion de la loi de 1833, a été très positivement reconnu par le commissaire du roi à la Chambre des députés, sur une interpellation de M. Durreault, et ce qui est d'ailleurs conforme à la doctrine des auteurs et à la jurisprudence. (V. M. Delalleau, Traité de l'Exp., 536 ; MM. Gillon et Stourm, Code des Municipalités, p. 115 ; M. Dalloz, v° Voirie ; M. de Cormenin, 2e vol., p. 645 ; et M. Isambert, Traité de la Voirie, 3e vol., p. 375 et 388 ; V. aussi un arrêt de la Cour royale de Paris du 8 avril 1826, rapporté par M. Dalloz, année 1827, p. 128 ; et un arrêt du Conseil d'état du 31 août 1828, rapporté par M. Macarel, t. X, p. 704.)

COMPLÉMENT

DE LA

LÉGISLATION SUR L'EXPROPRIATION

POUR CAUSE D'UTILITÉ PUBLIQUE.

Circulaire ministérielle, adressée aux préfets, sur l'exécution de la loi du 7 juillet 1833.

Paris, le 17 juillet 1833.

Monsieur le Préfet,

La loi sur l'expropriation pour cause d'utilité publique, rendue pendant le cours de la dernière session des Chambres, et qui vient d'être promulguée le 7 de ce mois, modifie sur beaucoup de points la législation antérieure, et, comme elle doit exercer une salutaire influence sur le développement des travaux publics, il importe qu'elle soit exécutée dans tous les départemens d'une manière uniforme et conformément aux vues qui ont dirigé le législateur dans sa rédaction. J'aurai donc soin de vous indiquer successivement dans mes circulaires les mesures qui me paraîtront propres à remplir ce double but. Je me bornerai aujourd'hui à vous présenter quelques considérations sur les dispositions de cette loi, qui doivent recevoir une application immédiate.

La première mesure dont vous aurez à vous occuper, est la formation de la liste des jurés spéciaux qui seront appelés, le cas échéant, à régler, dans chaque arrondissement, les indemnités dues par suite d'expropriation pour cause d'utilité publique (art. 29).

La loi veut que ces listes soient dressées chaque année par les conseils généraux du département, dans leur session ordinaire, et vous aurez, par conséquent, à appeler sur ce point l'attention du Conseil général de votre département dans la session qui va s'ouvrir.

Vous remarquerez que ces listes doivent être dressées par arrondissement de sous-préfecture, et qu'elles ne peuvent comprendre, pour chaque arrondissement, moins de trente-six noms, ni plus de soixante-douze, si ce n'est dans le département de la Seine, où il n'y aura qu'une seule liste qui comprendra six cents personnes (art. 29).

Le Conseil général ne peut porter sur ces listes que des personnes qui aient leur domicile dans l'arrondissement, pour lequel chaque liste est faite, et qui soient, en outre, inscrites sur la liste des électeurs ou sur la seconde partie de la liste du jury (même art. 29). Vous devez donc avoir soin, monsieur le Préfet, de mettre sous les yeux du Conseil général les dernières listes qui ont été publiées en vertu de la loi du 2 mai 1827, avec l'indication de toutes les additions et modifications qui ont eu lieu postérieurement à l'impression de ces listes.

Vous devez, monsieur le Préfet, rappeler aux membres du Conseil général l'importance des choix qu'ils sont appelés à faire et la haute mission qui est confiée aux jurés spéciaux. Le législateur a considéré l'inscription du nom d'un citoyen, sur les listes qu'il s'agit de dresser, comme un témoignage honorable de confiance. Le jury spécial, que crée la loi du 7 juillet dernier, est une magistrature nouvelle, investie du droit de prononcer sur des questions qui touchent vivement aux intérêts publics et privés.

La disposition de la loi, qui permet de porter la liste des jurés spéciaux de chaque arrondissement à soixante-douze noms ou de la réduire à trente-six, doit spécialement fixer votre attention.

Il est sans doute permis d'espérer que l'administration sera rarement dans le cas de recourir au jury spécial, et qu'elle parviendra, le plus souvent, à traiter à l'amiable pour la plupart des terrains qu'elle sera dans le cas d'acquérir; mais, si cet espoir était déçu dans quelques localités, si quelques propriétaires prétendaient encore à des indemnités exorbitantes, l'administration n'hésiterait pas à recourir à l'arbitrage des jurés spéciaux, avec la conviction que leurs lumières et leur patriotisme feraient justice de prétentions si funestes à la fortune publique. Je ne doute pas que tous les jurés portés sur les listes spéciales ne s'empressent de se rendre aux convocations qui leur seraient adressées; mais il faut aussi que l'administration cherche à distraire le moins possible les citoyens de leurs affaires personnelles. Il importe donc de ne pas trop restreindre le nombre des personnes à inscrire sur la liste de chaque arrondissement, et vous voudrez bien exposer au Conseil général qu'il convient de ne borner ce nombre à trente-six que pour les arrondissemens où rien n'annonce que des travaux publics devront avoir lieu dans l'intervalle des sessions annuelles.

Vous remarquerez, en effet, que chaque fois que le jury spécial doit se réunir, la Cour royale ou le tribunal du chef-lieu judiciaire désigne, sur la liste dressée par le Conseil général pour l'arrondissement, vingt jurés, savoir : seize jurés titulaires et quatre jurés supplémentaires (art. 30). Si donc la liste ne comprend que trente-six noms, la cour ou le tribunal se trouve obligé, dès la seconde convocation d'un jury, de désigner quelques uns des jurés qui ont fait déjà partie de la première session; et, si les sessions se multipliaient, ce service pourrait devenir pénible pour ceux qui y seraient appelés. De plus, la Cour ou le tribunal chargé de la désignation définitive des jurés, n'aurait pas, dans son choix, la latitude que le législateur a voulu lui donner.

Il me paraît donc indispensable que, dans tous les arrondissemens où des travaux importans sont commencés ou doivent l'être avant un an, la liste comprenne soixante-douze noms. Là, au contraire, ou il n'y aura que des travaux peu considérables, ce nombre pourra être diminué sans inconvénient, suivant les circonstances; toutefois il ne faut pas perdre de vue que le jury spécial est appelé à régler les indemnités, non seulement pour les travaux exécutés aux frais de l'État, mais aussi pour ceux qui sont entrepris par les départemens, les villes, les communes ou par des concessionnaires.

Il n'est peut-être pas inutile de remarquer que ce serait en réalité restreindre le nombre des jurés spéciaux, que d'y comprendre des personnes sur lesquelles la Cour ou le tribunal ne pourrait faire porter son choix; ainsi, quoique la prohibition énoncée en l'art. 384 du Code d'instruction criminelle n'ait pas été reproduite dans la loi qui nous occupe, les préfets, sous-préfets, présidens, conseillers, juges, procureurs-généraux, procureurs du roi et leurs substituts, ayant déjà, en vertu des différens articles de la loi, des fonctions à exercer relativement à l'expropriation, il serait presque toujours impossible de les appeler à faire partie des juges spéciaux, et leur inscription sur la liste formée par le Conseil général serait à peu près sans effet.

Les septuagénaires sont dispensés des fonctions de juré spécial, lorsqu'ils le requièrent (art. 357); ils ne doivent être portés sur les listes que lorsqu'il y a lieu de présumer qu'ils ne se prévaudront pas de leur âge pour se refuser à la convocation qui leur serait adressée.

La loi ne permet pas que les noms des jurés qui ont fait le service d'une session soient portés sur le tableau dressé par le Conseil général pour l'année suivante (art. 47); mais, dans leur travail de cette année, les Conseils généraux n'auront pas à s'occuper de cette prohibition.

Aussitôt que les listes seront dressées par le Conseil général, vous les ferez déposer dans les archives de la Préfecture, et une expédition en sera immédiatement adressée au procureur-général près la Cour royale, si cette Cour siége sur le territoire de votre département, sinon au procureur du roi du chef-lieu judiciaire; la liste relative à chaque arrondissement sera en outre transmise au procureur-général de cet arrondissement, et ces magistrats feront déposer ces pièces au greffe de la Cour ou du tribunal auquel ils sont attachés, afin que l'on puisse y avoir recours pour l'exécution des articles 30 et 33 de la loi.

Il est un point sur lequel je dois appeler sommairement votre attention et qui pourra, dans cette circonstance, donner lieu à quelques incertitudes, c'est le mode d'application de la loi nouvelle aux expropriations déjà commencées; je vous invite, monsieur le Préfet, à me communiquer tous les doutes que vous pourriez concevoir à cet égard, et je m'empresserai de vous indiquer les mesures qui me paraîtront se concilier le mieux avec les intentions du législateur et les besoins du service.

Quant aux instances en réglement d'indemnités qui sont en ce moment pendantes devant les tribunaux, ou qui seront entamées jusqu'à l'époque où la nouvelle loi devient obligatoire, elles pourront continuer à être instruites et jugées d'après les lois en vigueur, au moment où l'instance aura été introduite (art. 68, 52); mais l'administration a la faculté de demander que l'indemnité soit fixée conformément à la loi nouvelle, à la charge par elle d'acquitter les frais de l'instance faite antérieurement à cette déclaration (même art. 53).

Si vous pensez qu'il y ait lieu, pour quelques affaires, à user de cette faculté, je vous invite à m'en donner avis et à me faire connaître dans chaque cas l'état de la procédure, les frais déjà faits, ainsi que les principaux motifs qui vous porteraient à croire que l'administration peut avoir à évoquer devant le jury spécial le réglement des indemnités.

Telles sont, monsieur le Préfet, les premières instructions que me paraît nécessiter l'application de la loi nouvelle sur l'Expropriation pour cause d'utilité publique; cette loi sans doute doit avoir d'heureux résultats pour le développement de la prospérité intérieure de la France, mais il ne faut pas se dissimuler qu'elle pourra présenter, dans les premiers temps surtout, quelques difficultés d'exécution ; le Ministre compte sur votre concours pour aplanir ces difficultés et faire jouir complétement le pays des bienfaits d'une loi qu'il attendait avec impatience.

Ordonnance du 18 septembre 1833 *contenant le Tarif des frais et dépens pour tous les actes qui seront faits en vertu de la loi du 7 juillet* 1833, *sur l'Expropriation pour cause d'utilité publique.*

LOUIS-PHILIPPE, etc. ;

Vu l'art. 41 de la loi du 7 juillet 1833, sur l'Expropriation pour cause d'utilité publique ; — Notre Conseil d'état entendu, — Nous avons ordonné et ordonnons ce qui suit :

La taxe de tous actes faits, en vertu de la loi du 7 juillet 1833, sera réglée par le tarif ci-après :

CHAPITRE Ier. *Des huissiers.*

Art. 1er. Il sera alloué à tous huissiers un franc pour l'original, 1° de la notification de l'extrait du jugement d'expropriation aux personnes désignées dans les articles 15 et 22 de la loi du 7 juillet 1833 ; 2° de la signification de l'arrêt de la Cour de cassation (articles 20 et 42 de ladite loi) ; 3° de la dénonciation de l'extrait du jugement d'expropriation aux ayant-droit mentionnés aux articles 21 et 22 ; 4° de la notification de l'arrêté du préfet, qui fixe la somme offerte pour indemnités (art. 23) ; 5° de l'acte contenant acceptation des offres faites par l'administration, avec signification, s'il y a lieu, des autorisations requises (art. 24, 25 et 26) ; 6° de l'acte portant convocation des jurés et des parties, avec notification aux parties d'une expédition de l'arrêt par lequel la Cour royale a formé la liste du jury (art. 31 et 33) ; 7° de la notification au juré défaillant de l'ordonnance du directeur du jury, qui l'a condamné à l'amende (art. 32) ; 8° de la notification de la décision du jury, revêtue de l'ordonnance d'exécution (art. 41) ; 9° de la sommation d'assister à la consignation dans le cas où il n'y aura pas eu d'offres réelles (art. 54) ; 10° de la sommation au préfet pour qu'il soit procédé à la fixation de l'indemnité (art. 55) ; 11° de l'acte contenant réquisition par le propriétaire de la consignation des sommes offertes, dans le cas où cette réquisition n'a pas été faite par l'acte même d'acceptation (art. 59) ; 12° et généralement de tous actes simples auxquels pourra donner lieu l'expropriation.

Art. 2. Il sera alloué à tous huissiers un franc cinquante centimes pour l'original, 1° de la notification du pourvoi en cassation formé, soit contre le jugement d'expropriation, soit contre la décision du jury (art. 20 et 42) ; 2° de la dénonciation, faite au directeur du jury par le propriétaire ou l'usufruitier, des noms et qualités des ayant-droit mentionnés au § 1er de l'article 21 de la loi précitée (art. 21 et 22) ; 3° de l'acte par lequel les parties intéressées font connaître leurs réclamations (art. 18, 21, 39, 52 et 54) ; 4° de l'acte d'acceptation des offres de l'administration, avec réquisition de consignation (art. 24 et 59) ; 5° de l'acte par lequel la partie qui refuse les offres de l'administration indique le montant de ses prétentions (art. 17, 24, 28 et 53) ; 6° de l'opposition formée par un juré à l'ordonnance du magistrat directeur du jury, qui l'a condamné à l'amende (art. 32) ; 7° de la réquisition du propriétaire tendant à l'acquisition de la totalité de son immeuble (art. 50) ; 8° de la demande à fin de rétrocession des terrains non employés à des travaux d'utilité publique (art. 60 et 61) ; de la demande tendant à ce que l'indemnité d'une expropriation déjà commencée soit réglée conformément à la loi du 7 juillet 1833 (art. 68) ; 10° enfin de tous actes qui, par leur nature, pourront être assimilés à ceux dont l'énumération précède.

Art. 3. Il sera alloué à tous huissiers pour l'original, 1° du procès-verbal d'offres réelles, contenant le refus ou l'acceptation des ayant-droit, et sommation d'assister à la consignation (art. 53), 2 fr. 25 c.; 2° du procès-verbal de consignation, soit qu'il y ait eu ou non offres réelles (art. 49, 53 et 54), 4 francs.

Art. 4. Il sera alloué pour chaque copie des exploits ci-dessus le quart de la somme fixée pour l'original.

Art. 5. Lorsque les copies de pièces, dont la notification a lieu en vertu de la loi, seront certifiées par l'huissier, il lui sera payé trente centimes par chaque rôle, évalué à raison de vingt-huit lignes à la page et quatorze à seize syllabes à la ligne (art. 57).

Art. 6. Les copies des pièces déposées dans les archives de l'administration qui seront réclamées par les parties dans leur intérêt pour l'exécution de la loi, et qui seront certifiées par les agens de l'administration, seront payées à l'administration sur le même taux que les copies certifiées par les huissiers.

Art. 7. Il sera alloué à tous huissiers cinquante centimes pour visa de leurs actes, dans le cas où cette formalité est prescrite. — Ce droit sera double, si le refus du fonctionnaire, qui doit donner le visa, oblige l'huissier à se transporter auprès d'un autre fonctionnaire.

Art. 8. Les huissiers ne pourront rien réclamer pour le papier des actes par eux notifiés, ni pour l'avoir fait viser pour timbre. — Ils employeront du papier d'une dimension égale, au moins, à celle des feuilles assujetties au timbre de soixante-dix centimes.

Chapitre II. *Des greffiers.*

Art. 9. Tous extraits ou expéditions délivrés par les greffiers en matière d'expropriation pour cause d'utilité publique seront portés sur papier d'une dimension égale à celle des feuilles assujetties au timbre d'un franc vingt-cinq centimes. — Ils contiendront vingt-huit lignes à la page, et quatorze à seize syllabes à la ligne.

Art. 10. Il sera alloué aux greffiers quarante centimes pour chaque rôle d'expédition ou d'extrait.

Art. 11. Il sera alloué aux greffiers, pour la rédaction du procès-verbal des opérations du jury spécial, cinq francs pour chaque affaire terminée par décision du jury rendue exécutoire. — Néanmoins cette allocation ne pourra jamais excéder quinze francs par jour, quel que soit le nombre des affaires; et, dans ce cas, ladite somme de quinze francs sera répartie également entre chacune des affaires terminées le même jour.

Art. 12. L'état des dépens sera rédigé par le greffier. — Celle des parties qui requerra la taxe devra, dans les trois jours qui suivront la décision du jury, remettre au greffier toutes les pièces justificatives. — Le greffier paraphera chaque pièce admise en taxe, avant de la remettre à la partie.

Art. 13. Il sera alloué au greffier dix centimes pour chaque article de l'état des dépens, y compris le paraphe des pièces.

Art. 14. L'ordonnance d'exécution du magistrat-directeur du jury indiquera la somme des dépens taxés et la proportion dans laquelle chaque partie devra les supporter.

Art. 15. Au moyen des droits ci-dessus accordés aux greffiers, il ne leur sera alloué aucune autre rétribution à aucun titre, sauf les droits de transport dont il sera parlé ci-après; et ils demeureront chargés, 1° du traitement des commis-greffiers, s'il était besoin d'en établir pour le service des assises spéciales; 2° de toutes les fournitures de bureau nécessaires pour la tenue de ces assises; 3° de la fourniture du papier des expéditions ou extraits, qu'ils devront aussi faire viser pour timbre.

CHAPITRE III. *Des indemnités de transport.*

Art. 16. Lorsque les assises spéciales se tiendront ailleurs que dans la ville où siége le tribunal, le magistrat-directeur du jury aura droit à une indemnité fixée de la manière suivante : — s'il se transporte à plus de cinq kilomètres de sa résidence, il recevra pour tous frais de voyage, de nourriture et de séjour, une indemnitè de 9 fr. par jour; — s'il se transporte à plus de deux myriamètres, l'indemnité sera de 12 fr. par jour.

Art. 17. Dans le même cas, le greffier ou son commis assermenté recevra 6 ou 8 fr. par jour, suivant que le voyage sera de plus de cinq kilomètres ou de plus de deux myriamètres, ainsi qu'il est dit dans l'article précédent.

Art. 18. Les jurés qui se transporteront à plus deux de kilomètres du lieu où se tiendront les assises spéciales, pour les descentes sur les lieux autorisées par l'art. 37 de la loi du 7 juillet 1833, recevront, s'ils en font la demande formelle, une indemnité qui sera fixée, pour chaque myriamètre parcouru, en allant et revenant, à 2 fr. 50 centimes. Il ne leur sera rien alloué pour toute autre cause que ce soit, à raison de leurs fonctions, si ce n'est dans le cas de séjour forcé en route, comme il est dit ci-après, art. 24.

Art. 19. Les personnes qui seront appelées pour éclairer le jury, conformément à l'art. 37 précité, recevront, si elles le requièrent, savoir : — Quand elles ne seront pas domiciliées à plus d'un myriamètre du lieu où elles doivent être entendues, pour indemnité de comparution, 1 fr. 50 cent.; — quand elles seront domiciliées à plus d'un myriamètre, pour indemnité de voyage, lorsqu'elles ne seront pas sorties de leur arrondissement, 1 fr. par myriamètre parcouru en allant et revenant; et lorsqu'elles seront sorties de leur arrondissement, 1 fr. 50 cent. — Dans le cas où l'indemnité de voyage est allouée, il ne doit être accordé aucune taxe de comparution.

Art. 20. Les personnes appelées devant le jury, qui reçoivent un traitement quelconque à raison d'un service public, n'auront droit qu'à l'indemnité de voyage, s'il y a lieu, et si elles la requièrent.

Art. 21. Les huissiers qui instrumenteront dans les procédures en matière d'expropriation pour cause d'utilité publique recevront, lorsqu'ils seront obligés de se transporter à plus de deux kilomètres de leur résidence, 1 fr. 50 cent. pour chaque myriamètre parcouru en allant et en revenant, sans préjudice de l'application de l'art. 35 du décret du 14 juillet 1813.

Art. 22. Les indemnités de transport ci-dessus établies seront réglées par myriamètre et demi-myriamètre. Les fractions de huit ou neuf kilomètres seront comptées pour un myriamètre, et celles de trois à huit kilomètres pour un demi-myriamètre.

Art. 23. Les distances seront calculées d'après le tableau dressé par les préfets, conformément à l'art. 93 du décret du 18 juin 1811.

Art. 24. Lorsque les individus dénommés ci-dessus seront arrêtés dans le cours du voyage par force majeure, ils recevront en indemnité, pour chaque jour de séjour forcé, savoir : — les jurés, 2 fr. 50 cent. ; — les personnes appelées devant le jury et les huissiers, 1 fr. 50 cent. — Ils seront tenus de faire constater par le juge de paix, et à son défaut par l'un des suppléans ou par le maire, et à son défaut par l'un de ses adjoints, la cause du séjour forcé en route, et d'en représenter le certificat à l'appui de leur demande en taxe.

Art. 25. Si les personnes appelées devant le jury sont obligées de prolonger leur séjour dans le lieu où se fait l'instruction, et que ce lieu soit éloigné de plus d'un myriamètre de leur résidence, il leur sera alloué, pour chaque journée, une indemnité de 2 fr.

Art. 26. Les indemnités des jurés et des personnes appelées pour éclairer le jury seront acquittées comme frais urgens par le receveur de l'enregistrement, sur un simple mandat du magistrat-directeur du jury, lequel mandat devra, lorsqu'il s'agira d'un transport, indiquer le nombre des myriamètres parcourus, et, dans tous les cas, faire mention expresse de la demande d'indemnité.

Art. 27. Seront également acquittées par le receveur de l'enregistrement les indemnités de déplacement que le magistrat-directeur du jury et son grefier pourront réclamer lorsque la réunion du jury aura lieu dans une commune autre que le chef-lieu judiciaire de l'arrondissement. Le paiement sera fait sur un état certifié et signé par le magistrat-directeur du jury, indiquant le nombre des journées employées au transport, et la distance entre le lieu où siége le jury et le chef-lieu judiciaire de l'arrondissement.

Art. 28. Dans tous les cas, les indemnités de transport allouées au magistrat-directeur du jury et au greffier, resteront à la charge, soit de l'administration, soit de la compagnie concessionnaire qui aura provoqué l'expropriation, et ne pourront entrer dans la taxe des dépens.

Chapitre IV. *Dispositions générales.*

Art. 29. Il ne sera alloué aucune taxe aux agens de l'administration autorisés, par la loi du 7 juillet 1833, à instrumenter concurremment avec les huissiers.

Art. 30. Le greffier tiendra exactement note des indemnités allouées aux jurés et aux personnes qui seront appelées pour éclairer le jury, et en portera le montant dans l'état de liquidation des frais.

Art. 31. L'administration de l'enregistrement se fera rembourser de ses avances comprises dans la liquidation des frais par la partie qui sera condamnée aux dépens, en vertu d'un exécutoire délivré par le magistrat-directeur du jury, et selon le mode usité pour le recouvrement des droits dont la perception est confiée à cette administration. — Quant aux indemnités de transport payées au magistrat-directeur du jury et au greffier, et qui, suivant l'art. 28 ci-dessus, ne pourront entrer dans la taxe des dépens, elle en sera remboursée, soit par l'administration, soit par la compagnie concessionnaire qui aura provoqué l'expropriation.

Ordonnance du 18 *février* 1834, *portant réglement sur les formalités des enquêtes relatives aux travaux publics.*

Louis-Philippe, etc.;

Vu l'art. 3 de la loi du 7 juillet 1833; — vu l'ordonnance réglementaire du 28 février 1831; etc.

TITRE Ier.

Formalités des enquêtes relatives aux travaux publics qui ne peuvent être exécutés qu'en vertu d'une loi.

Art. 1er. Les entreprises de travaux publics qui, aux termes du premier paragraphe de l'art. 3 de la loi du 7 juillet 1833, ne peuvent être exécutés qu'en vertu d'une loi, seront soumises à une enquête préalable dans les formes ci-après déterminées.

Art. 2. L'enquête pourra s'ouvrir sur un avant-projet où l'on fera connaître le tracé général de la ligne des travaux, les dispositions principales des ouvrages les plus importans, et l'appréciation sommaire des dépenses. — S'il s'agit d'un canal, d'un chemin de fer ou d'une canalisation de rivière, l'avant-projet sera nécessairement accompagné d'un nivellement en longueur et d'un certain nombre de profils transversaux; et si le canal est à point de partage, on indiquera les eaux qui doivent l'alimenter.

Art. 3. A l'avant-projet sera joint, dans tous les cas, un mémoire descriptif indiquant le but de l'entreprise et les avantages qu'on peut s'en promettre; on y annexera le tarif des droits, dont le produit serait destiné à couvrir les frais des travaux projetés, si ces travaux devaient devenir la matière d'une concession.

Art. 4. Il sera formé, au chef-lieu de chacun des départemens que la ligne des travaux devra traverser, une commission de neuf membres et de treize au plus, pris parmi les principaux propriétaires de terres, de bois, de mines, les négocians, les armateurs et les chefs d'établissemens industriels. — Les membres et le président de cette commission seront désignés par le préfet dès l'ouverture de l'enquête.

Art. 5. Des registres destinés à recevoir les observations auxquelles pourra donner lieu l'entreprise projetée, seront ouverts pendant un mois au moins et quatre mois au plus, au chef-lieu de chacun des départemens et des arrondissemens que la ligne des travaux devra traverser. — Les pièces qui, aux termes des art. 2 et 3, doivent servir de base à l'enquête, resteront déposées pendant le même temps et aux mêmes lieux. — La durée de l'ouverture des registres sera déterminée dans chaque cas particulier par l'administration supérieure. — Cette durée, ainsi que l'objet de l'enquête, seront annoncés par des affiches.

Art. 6. A l'expiration du délai qui sera fixé en vertu de l'article précédent, la commission mentionnée à l'art. 4 se réunira sur-le-champ : elle examinera les déclarations consignées aux registres de l'enquête ; elle entendra les ingénieurs des ponts-et-chaussées et des mines employés dans le département ; et, après avoir recueilli auprès de toutes les personnes qu'elle jugerait utile de consulter les renseignemens dont elle croira avoir besoin, elle donnera son avis motivé, tant sur l'utilité de l'entreprise que sur les diverses questions qui auront été posées par l'administration. — Ces diverses opérations, dont elle dressera procès-verbal, devront être terminées dans un nouveau délai d'un mois.

Art. 7. Le procès-verbal de la commission d'enquête sera clos immédiatement ; le président de la commission le transmettra sans délai, avec les registres et les autres pièces, au préfet, qui l'adressera avec son avis à l'administration supérieure, dans les quinze jours qui suivront la clôture du procès-verbal.

Art. 8. Les chambres de commerce, et au besoin les chambres consultatives des arts et manufactures des villes intéressées à l'exécution des travaux, seront appelées à délibérer et à exprimer leur opinion sur l'utilité et la convenance de l'opération. — Les procès-verbaux de leurs délibérations devront être remis au préfet avant l'expiration du délai fixé dans l'art. 6.

TITRE II.

Formalités des enquêtes relatives aux travaux publics qui peuvent être autorisés par une ordonnance royale.

Art. 9. Les formalités prescrites par les art. 2, 3, 4, 5, 6, 7 et 8, seront également appliquées, sauf les modifications ci-après, aux travaux qui, aux termes du second paragraphe de l'art. 3 de la loi du 7 juillet 1833, peuvent être autorisés par une ordonnance royale.

Art. 10. Si la ligne des travaux n'excède pas les limites de l'arrondissement dans lequel ils sont situés, le délai de l'ouverture des registres et du dépôt des pièces sera fixé au plus à un mois et demi, et au moins à vingt jours. — La commission d'enquête se réunira au chef-lieu de l'arrondissement, et le nombre de ses membres variera de cinq à sept.

TITRE III.

Disposition transitoire.

Art. 11. Les dispositions ci-dessus prescrites ne sont pas applicables aux entreprises de travaux publics pour lesquels une instruction et des enquêtes spéciales auraient été commencées avant la publication de la présente ordonnance, et conformément aux ordonnances et réglemens antérieurs.

Ordonnance du 15 *février* 1835, *qui modifie celle du* 18 *février* 1834, *relative aux entreprises d'utilité publique.*

Louis-Philippe, etc.;

Art. 1er. Lorsque la ligne des travaux relatifs à une entreprise d'utilité publique devra s'étendre sur le territoire de plus de deux départemens, les pièces de l'avant-projet qui serviront de base à l'enquête ne seront déposées qu'au chef-lieu de chacun des départemens traversés. — Des registres continueront d'être ouverts, conformément au § 1er de l'art. 5 de notre ordonnance du 18 février 1834, tant aux chefs-lieux de département qu'aux chefs-lieux d'arrondissement, pour recevoir les observations auxquelles pourra donner lieu l'entreprise projetée.

Loi du 20 *mars* 1835, *portant qu'aucune route ne pourra être classée au nombre des routes départementales sans que le vote du conseil général ait été précédé d'une enquête.*

Louis-Philippe, etc.;

Art. 1er. A l'avenir, aucune route ne pourra être classée au nombre des routes départementales sans que le vote du conseil général ait été précédé de l'enquête prescrite par l'art. 3 de la loi du 7 juillet 1833. — Cette enquête sera faite par l'administration, ou d'office, ou sur la demande du conseil général.

Art. 2. Les votes émis jusqu'à la promulgation de la présente loi, quoiqu'ils n'aient pas été précédés de la susdite enquête, pourront être approuvés par ordonnance du roi, suivant les formes prescrites par le décret du 16 décembre 1811.

Art. 3. Les dispositions qui précèdent auront lieu sans préjudice des mesures d'administration prescrites par le titre II de la loi du 7 juillet 1833, et relatives à l'expropriation.

Ordonnance du 23 *août* 1835, *portant que les enquêtes qui doivent précéder les entreprises des travaux publics seront soumises aux formalités y déterminées pour les travaux d'intérêt purement communal.*

Louis-Philippe, etc.; — Vu l'art. 3 de la loi du 7 juillet 1833, sur l'expropriation pour cause d'utilité publique; — Vu l'ordonnance royale du 18 février 1834, portant réglement sur les formalités des enquêtes qui doivent précéder la loi ou l'ordonnance déclarative de l'utilité publique; — Considérant que cette ordonnance, s'appliquant aux travaux projetés dans un intérêt général, prescrit des formalités dont quelques unes seraient sans objet ou incomplètes, en ce qui concerne les travaux d'intérêt purement communal ou même départemental.

Art. 1er. Les enquêtes qui, aux termes du § 3 de l'art. 3 de la loi du 7 juillet 1833, doivent précéder les entreprises de travaux publics dont l'exécution doit avoir lieu en vertu d'une ordonnance royale, seront soumises aux formalités ci-après déterminées pour les travaux proposés par un conseil municipal dans l'intérêt exclusif de sa commune.

Art. 2. L'enquête s'ouvrira sur un projet où l'on fera connaître le but de l'entreprise, le tracé des travaux, les dispositions principales des ouvrages et l'appréciation sommaire des dépenses.

Art. 3. Ce projet sera déposé à la mairie pendant quinze jours, pour que chaque habitant puisse en prendre connaissance; à l'expiration de ce délai, un commissaire désigné par le préfet recevra à la mairie, pendant trois jours consécutifs, les déclarations des habitans sur l'utilité publique des travaux projetés. Les délais ci-dessus prescrits pour le dépôt des pièces à la marie, et pour la durée de l'enquête, pourront être prolongés par le préfet. — Dans tous les cas, ces délais ne courront qu'à dater de l'avertissement donné par voie de publication et d'affiches. — Il sera justifié de l'accomplissement de cette formalité par un certificat du maire.

Art. 4. Après avoir clos et signé le registre de ces déclarations, le commissaire le transmettra immédiatement au maire, avec son avis motivé et les autres pièces de l'instruction qui auront servi de base à l'enquête. — Si le registre d'enquête contient des déclarations contraires à l'adoption du projet, ou si l'avis du commissaire lui est opposé, le conseil municipal sera appelé à les examiner, et émettra son avis par une délibération motivée, dont le procès-verbal sera joint aux pièces. Dans tous les cas, le maire adressera immédiatement les pièces au sous-préfet, et celui-ci au préfet, avec son avis motivé.

Art. 5. Le préfet après avoir pris, dans les cas prévus par les réglemens, l'avis des chambres de commerce et des chambres consultatives des arts et manufactures dans les lieux où il en est établi, enverra le tout à notre ministre de l'intérieur, avec son avis motivé, pour, sur son rapport, être statué par nous sur la question d'utilité publique des travaux, conformément aux dispositions de la loi du 7 juillet 1833.

Art. 6. Lorsque les travaux n'intéresseront pas exclusivement la commune, l'enquête aura lieu, suivant leur degré d'importance, conformément aux articles 9 et 10 de l'ordonnance du 18 février 1834.

Art. 7. Notre ministre des finances sera préalablement consulté toutes les fois que les travaux entraîneront l'application de l'avis du Conseil d'état, approuvé le 21 février 1808, sur la cession aux communes de tout ou partie d'un bien de l'État.

Ordonnance du 22 mars 1835, relative aux terrains acquis pour des travaux d'utilité publique, et qui n'auraient pas reçu ou ne recevraient pas cette destination.

Louis-Philippe, etc. ; — Vu les art. 60, 61 et 66 de la loi du 7 juillet 1833, sur l'expropriation pour cause d'utilité publique ; — Voulant régler le mode d'exercice du privilége accordé par ces articles aux anciens propriétaires des terrains acquis pour des travaux d'utilité publique, que l'administration serait dans le cas de revendre ; — Vu les avis de nos ministres secrétaires d'état de l'intérieur et de la guerre, etc.

Art. 1er. Les terrains ou portions de terrains acquis pour des travaux d'utilité publique, et qui n'auraient pas reçu ou ne recevraient pas cette destination, seront remis à l'administration des domaines pour être rétrocédés, s'il y a lieu, aux anciens propriétaires ou à leurs ayant-droit, conformément aux art. 60 et 61 de la loi du 7 juillet 1833. — Le contrat de rétrocession sera passé devant le préfet du département ou devant le sous-préfet, sur délégation du préfet, en présence et avec le comcours d'un préposé de l'administration des domaines et d'un agent du ministère pour le compte duquel l'acquisition des terrains avait été faite. — Le prix de la rétrocession sera versé dans les caisses du domaine.

Art. 2. Si les anciens propriétaires ou leurs ayant-droit encourent la déchéance du privilége qui leur est accordé par les art. 60 et 61 de la loi du 7 juillet, les terrains ou portions de terrains seront aliénés dans la forme tracée pour l'aliénation des biens de l'État, à la diligence ds l'administration des domaines.

Loi du 30 *mars* 1831, *relative à l'expropriation et à l'occupation temporaire, en cas d'urgence, des propriétés privées nécessaires aux travaux des fortifications.*

Louis-Philippe, etc.;

Art. 1er. Lorsqu'il y aura lieu d'occuper tout ou partie d'une ou de plusieurs propriétés particulières pour y faire des travaux de fortifications dont l'urgence ne permettra pas d'accomplir les formalités de la loi du 8 mars 1810, il sera procédé de la manière suivante :

Art. 2. L'ordonnance royale qui autorisera les travaux et déclarera l'utilité publique, déclarera en même temps qu'*il y a urgence.*

Art. 3. Dans les vingt-quatre heures de la réception de l'ordonnance du roi, le préfet du département où les travaux de fortifications devront être exécutés, transmettra ampliation de ladite ordonnance au procureur du roi près le tribunal de l'arrondissement où seront situées les propriétés qu'il s'agira d'occuper, et au maire de la commune de leur situation. — Sur le vu de cette ordonnance, le procureur du roi requerra de suite, et le tribunal ordonnera immédiatement, que l'un des juges se transportera sur les lieux avec un expert que le tribunal nommera d'office. — Le maire fera sans délai publier l'ordonnance royale par affiche, tant à la principale porte de l'église du lieu qu'à celle de la maison commune, et par tous autres moyens possibles. Les publications et affiches seront certifiées par ce magistrat.

Art. 4. Dans les vingt-quatre heures, le juge commissaire rendra, pour fixer le jour et l'heure de sa descente sur les lieux, une ordonnance qui sera signifiée, à la requête du procureur du roi, au maire de la commune où le transport devra s'effectuer, et à l'expert nommé par le tribunal. — Le transport s'effectuera dans les dix jours de cette ordonnance, et seulement huit jours après la signification dont il vient d'être parlé. — Le maire, sur les indications qui lui seront données par l'agent militaire chargé de la direction des travaux, convoquera, au moins cinq jours à l'avance, pour le jour et l'heure indiqués par le juge commissaire, 1° les propriétaires intéressés, et, s'ils ne résident pas sur les lieux, leurs agens, mandataires ou ayant-cause; 2° les usufruitiers, ou autres personnes intéressées, telles que fermiers, locataires, ou occupans à quelque titre que ce soit. — Les personnes ainsi convoquées pourront se faire assister par un expert ou arpenteur.

Art. 5. Un agent de l'administration des domaines et un expert, ingénieur, architecte ou arpenteur, désignés l'un et l'autre par le préfet, se transporteront sur les lieux au jour et à l'heure indiqués pour se réunir au juge commissaire, au maire ou à l'adjoint, à l'agent militaire et à l'expert désigné par le tribunal. — Le juge commissaire recevra le serment préalable des experts sur les lieux, et il en sera fait mention au procès-verbal. — L'agent militaire déterminera, en présence de tous, par des pieux et piquets, le périmètre du terrain dont l'exécution des travaux nécessitera l'occupation.

Art. 6. Cette opération achevée, l'expert désigné par le préfet procédera immédiatement et sans interruption, de concert avec l'agent de l'administration du domaine, à la levée du plan parcellaire, pour indiquer dans le plan général de circonscription les limites et la superficie des propriétés particulières.

Art. 7. L'expert nommé par le tribunal dressera un procès-verbal qui comprendra, — 1° la désignation des lieux, des cultures, plantations, clôtures, bâtimens et autres accessoires des fonds : cet état descriptif devra être assez détaillé pour pouvoir servir de base à l'appréciation de la valeur foncière, et, en cas de besoin, de la valeur locative, ainsi que des dommages et intérêts résultant des changemens ou dégâts qui pourront avoir lieu ultérieurement; — 2° l'estimation de la valeur foncière et locative de chaque parcelle de ces dépendances, ainsi que l'indemnité qui pourra être due pour frais de déménagement, pertes de récoltes, détérioration d'objets mobiliers, ou tous autres dommages. — Ces diverses opérations auront lieu contradictoirement avec l'agent de l'administration des domaines et l'expert nommé par le préfet, avec les parties intéressées si elles sont présentes, ou avec l'expert qu'elles auront désigné. Si elles sont absentes et qu'elles n'aient point nommé d'expert, ou si elles n'ont point le libre exercice de leurs droits, un expert sera désigné d'office par le juge commissaire pour les représenter.

Art. 8. L'expert nommé par le tribunal devra, dans son procès-verbal, — 1° indiquer la nature et la contenance de chaque propriété, la nature des constructions, l'usage auquel elles sont destinées, les motifs des évaluations diverses, et le temps qu'il paraît nécessaire d'accorder aux occupans pour évacuer les lieux; — 2° transcrire l'avis de chacun des autres experts, et les observations et réquisitions, telles qu'elles lui seront faites, de l'agent militaire, du maire, de l'agent du domaine, et des parties intéressées ou de leurs représentans. Chacun signera ses dires, ou mention sera faite de la cause qui l'en empêche.

Art. 9. Lorsque les propriétaires ayant le libre exercice de leurs droits consentiront à la cession qui leur sera demandée et aux conditions qui leur seront offertes par l'administration, il sera passé entre eux et le préfet un acte de vente qui sera rédigé dans la forme des actes d'administration et dont la minute restera déposée aux archives de la préfecture.

Art. 10. Dans le cas contraire, sur le vu de la minute du procès-verbal dressé par l'expert, et de celui du juge commissaire qui aura assisté à toutes les opérations, le tribunal, dans une audience tenue aussitôt après le retour de ce magistrat, déterminera, en procédant comme en matière sommaire, sans retard et sans frais, — 1° l'indemnité de déménagement à payer aux détenteurs avant l'occupation; — 2° l'indemnité approximative et provisionnelle de dépossession qui devra être consignée, sauf réglement ultérieur et définitif préalablement à la prise de possession. — Le même jugement autorisera le préfet à se mettre en possession, à la charge, — 1° de payer, sans délai, l'indemnité de déménagement, soit au propriétaire, soit au locataire; — 2° de signifier avec le jugement l'acte de consignation de l'indemnité provisionnelle de dépossession. — Ledit jugement déterminera le délai dans lequel, à compter de l'accomplissement de ces formalités, les détenteurs seront tenus d'abandonner les lieux. — Ce délai ne pourra excéder cinq jours pour les propriétés non bâties, et dix jours pour les propriétés bâties. — Le jugement sera exécutoire nonobstant appel ou opposition.

Art. 11. L'acceptation de l'indemnité approximative et provisionnelle de dépossession ne fera aucun préjudice à la fixation de l'indemnité définitive. — Si l'indemnité provisionnelle n'excède pas

100 fr., le paiement en sera effectué sans production d'un certificat d'affranchissement d'hypothèque et sans formalité de purge hypothécaire. — Si l'indemnité excède cette somme, le Gouvernement fera, dans les trois mois de la date du jugement dont il est parlé dans l'article précédent, transcrire ledit jugement, et purgera les hypothèques légales. A l'expiration de ce délai, l'indemnité provisonnelle sera exigible de plein droit, lors même que les formalités ci-dessus n'auraient pas été remplies, à moins qu'il n'y ait des inscriptions ou des saisies-arrêts ou oppositions : dans ce cas, il sera procédé selon les règles ordinaires et sans préjudice des dispositions de l'art. 26 de la loi du 8 mars 1810.

Art. 12. Aussitôt après la prise de possession, le tribunal procédera au réglement définitif de l'indemnité de dépossession, dans les formes prescrites par les art. 16 et suivans de la loi du 8 mars 1810. Si l'indemnité définitive excède l'indemnité provisionnelle, cet excédant sera payé conformément à l'article précédent.

Art. 13. L'occupation temporaire prescrite par ordonnance royale ne pourra avoir lieu que pour des propriétés non bâties. — L'indemnité annuelle, représentative de la valeur locative de ces propriétés et du dommage résultant du fait de la dépossession, sera réglée à l'amiable ou par autorité de justice, et payée par moitié, de six mois en six mois, au propriétaire et au fermier, le cas échéant. — Lors de la remise des terrains qui n'auront été occupés que temporairement, l'indemnité due pour les détériorations causées par les travaux, ou pour la différence entre l'état des lieux au moment de la remise et l'état constaté par le procès-verbal descriptif, sera payée sur réglement amiable ou judiciaire, soit au propriétaire, soit au fermier ou exploitant, et selon leurs droits respectifs.

Art. 14. Si, dans le cours de la troisième année d'occupation provisoire, le propriétaire ou son ayant-droit n'est pas remis en possession, ce propriétaire pourra exiger et l'État sera tenu de payer l'indemnité pour la cession de l'immeuble, qui deviendra dès lors propriété publique. — L'indemnité foncière sera réglée, non sur l'état de la propriété à cette époque, mais sur son état au moment de l'occupation, tel qu'il aura été constaté par le procès-verbal descriptif. — Tout dommage causé au fermier ou exploitant par cette dépossession définitive lui sera payé après réglement amiable ou judiciaire.

Art. 15. Dans tous les cas où l'occupation provisoire ou définitive donnerait lieu à des travaux pour lesquels un crédit n'aurait pas été ouvert au budget de l'État, la dépense restera soumise à l'exécution de l'art. 152 de la loi du 25 mars 1817.

TABLEAU ANALYTIQUE

DE LA PROCÉDURE D'EXPROPRIATION

POUR CAUSE D'UTILITÉ PUBLIQUE.

PREMIÈRE PÉRIODE.

Constatation et déclaration de l'utilité publique par l'autorité administrative.

Numéros d'ordre.	DÉLAIS.	ACTES A FAIRE ET FORMALITÉS A REMPLIR.	ARTICLES applicables de la loi du 3 mai 1841, et des ordon. du Roi des 18 févr. 1834 et 23 août 1835.
1	»	Affiches indiquant l'objet et la durée de l'enquête administrative dont il est question en l'art. 3 de la loi du 3 mai 1841.	3 de la loi et 5 de l'ordon. de 1834.
2	»	Désignation par le Préfet, dans chaque département que la ligne des travaux à faire doit traverser, du Président et des Membres d'une commission d'enquête composée de neuf à treize propriétaires, négocians, armateurs ou chefs d'établissemens industriels.	3 de la loi et 4 de l'ordon. de 1834.
3	»	Dépôt au chef-lieu de chacun des départemens et des arrondissemens que la ligne des travaux doit traverser ; 1° D'un avant-projet faisant connaître le tracé général de la ligne des travaux, les dispositions générales des travaux les plus importans et l'appréciation sommaire des dépenses. (*S'il s'agit d'un canal, d'un chemin de fer, d'une canalisation de rivière, cet avant-projet est accompagné d'un nivellement en longueur et d'un certain nombre de profils transversaux, et, si le canal est à point de partage, il indique les eaux qui doivent l'alimenter.*) 2° D'un mémoire descriptif indiquant le but de l'entreprise et les avantages qu'on peut s'en promettre. 3° D'un tarif des droits dont le produit serait destiné à couvrir les frais des travaux projetés, si ces travaux devaient devenir la matière d'une concession (1).	3 de la loi, 2, 3 et 4 de l'ordon. de 1834.

(1) Si la ligne des travaux s'étend sur le territoire de deux départemens, le dépôt ne se fait qu'au chef-lieu de chacun des départemens traversés. (Ordonn. du 15 févr. 1835.)

Numéros d'ordre.	DÉLAIS.	ACTES À FAIRE ET FORMALITÉS À REMPLIR.	ARTICLES. applicables de la loi du 3 mai 1841, et des ordon. du Roi des 18 févr. 1834 et 23 août 1835.
4	En même temps.	Ouverture dans les mêmes chefs-lieux de registres destinés à recevoir les observations auxquelles pourra donner lieu l'entreprise projetée.	3 de la loi et 5 de l'ordon. de 1834.
5	Après un délai qui sera déterminé par l'autorité supérieure, mais qui ne pourra être de moins d'un mois ni de plus de quatre (*et, si la ligne des travaux n'excède pas les limites de l'arrondissement, de moins de vingt jours, ni de plus d'un mois et demi*).	Réunion aux chefs-lieux des départemens de la commission d'enquête formée pour chacun de ceux que la ligne des travaux doit traverser, comme il est dit n° 2. Cette commission examine les déclarations consignées aux registres de l'enquête; elle entend les ingénieurs des ponts-et-chaussés et des mines employés dans le département, ainsi que toutes les personnes qu'elle juge utile de consulter. Enfin elle donne son avis motivé tant sur l'utilité de l'entreprise que sur les diverses questions posées par l'administration (1).	3 de la loi et 6 de l'ordon. de 1834.
6	Dans le mois de la réunion de la commission.	Clôture du procès-verbal de la commission et envoi des pièces par le président au Préfet. (*S'il s'agit de travaux d'un intérêt purement communal, les formalités ci-dessus détaillées sont remplacées par les suivantes :*	3 de la loi et 7 de l'ordonnance de 1834.
7	»	*Dépôt à la mairie, où chacun peut en prendre connaissance, d'un projet indiquant le but de l'entreprise, le tracé des travaux, les dispositions principales des ouvrages et l'appréciation sommaire des dépenses.*	3 de la loi, 2 et 3 de l'ordonnance de 1835.
8	»	*Affiches et publications certifiées par le maire.*	3 de la loi, et 2 de l'ordonnance de 1835.
9	*Quinze jours après (si le préfet ne prolonge pas ce délai).*	*Ouverture à la mairie d'un registre, tenu par un commissaire désigné par le préfet et destiné à recevoir les déclarations des habitans sur l'utilité publique des travaux projetés.*	*Idem.*
10	*Trois jours après (si le préfet ne prolonge ce délai).*	*Clôture et signature du registre par le commissaire.*	3 de la loi, et 4 de l'ordonnance de 1835.
11	*Immédiatement.*	*Envoi des pièces par le commissaire au maire avec son avis motivé.*	*Id.*
12	»	*Délibération motivée du conseil municipal sur les déclarations insérées au registre, ou l'avis du commissaire qui serait contraire à l'adoption du projet.*	*Id.*

(1) Si la ligne des travaux n'excède pas les limites de l'arrondissement dans lequel ils sont situés, la commission d'enquête se réunit au chef-lieu de l'arrondissement, et le nombre de ses membres varie de cinq à sept.

Numéros d'ordre.	DÉLAIS.	ACTES A FAIRE ET FORMALITÉS A REMPLIR.	ARTICLES applicables de la loi du 3 mai 1841, et des ordon. du Roi des 18 févr. 1834 et 23 août 1835.
13	*Immédiatement.*	*Envoi des pièces par le maire au sous-préfet.*	3 de la loi et 4 de l'ord. de 1835.
14	*Immédiatement.*	*Envoi des pièces par le sous-préfet au préfet avec son avis motivé.)*	*Id.*
15	Dans le même délai.	Envoi au préfet, par les chambres de commerce et les chambres consultatives des arts et manufactures, des procès-verbaux des délibérations, par elles prises, sur l'utilité et la convenance des travaux projetés.	3 de la loi, 8 de l'ord. de 1834 et 5 de l'ordon. de 1835.
16	Dans les quinze jours du n° 6.	Envoi de toutes les pièces par le préfet au ministre avec son avis.	3 de la loi et 7 de l'ord. de 1834.
17	»	Loi ou ordonnance qui autorise l'exécution des travaux.	2 et 3 de la loi.
18	»	Dépôt du plan parcellaire des propriétés à exproprier à la mairie de la commune où ces propriétés sont situées.	4 et 5 de la loi.
19	»	Avertissement donné collectivement aux parties intéressées de prendre communication du plan déposé à la mairie, au moyen de publications à son de trompe ou de caisse, d'affiches à la porte de l'église et à celle de la mairie et d'insertions dans un des journaux de l'arrondissement, ou, s'il n'en existe pas, dans un de ceux du département.	6 de la loi.
20	»	Certificat par le maire de ces publications et affiches.	7 de la loi.
21	»	Ouverture par le maire d'un procès-verbal sur lequel il mentionne les déclarations et réclamations qui lui sont faites verbalement, et auquel il annexe celles qui lui sont faites par écrit.	7 de la loi.
22	Huit jours après le n° 19.	Réunion au chef-lieu de la sous-préfecture d'une commission présidée par le sous-préfet et composée de quatre membres du conseil général du département ou du conseil d'arrondissement désignés par le préfet, du maire de la commune où les propriétés sont situées, et de l'un des ingénieurs chargés de l'exécution des travaux.	6 et 8 de la loi.
23	Pendant huit jours.	Cette commission reçoit les observations des propriétaires.	9 de la loi.
24	Dix jours après le n° 22.	Clôture des opérations de la commission et envoi de son procès-verbal par le sous-préfet au préfet. (*Si la commission n'a pas mis à fin ses opérations.*	9 de la loi.
25	*Dans les trois jours du n° 24.*	*Envoi par le sous-préfet au préfet d'un procès-verbal dressé par lui, et des documens recueillis.*	9 de la loi.

Numéros d'ordre.	DÉLAIS.	ACTES A FAIRE ET FORMALITÉS A REMPLIR.	ARTICLES applicables de la loi du 3 mai 1841, et des ordon. du Roi des 18 févr. 1834 et 23 août 1835.
	»	*Si la commission propose quelque changement au tracé indiqué par les ingénieurs.*	10 de la loi.
26		*Avertissement donné par le sous-préfet, dans les formes indiquées au nº 15, aux propriétaires nouveaux que ces changemens peuvent intéresser.*	
27	*Pendant huit jours.*	*Dépôt du procès-verbal et des pièces à la sous-préfecture où les parties intéressées peuvent en prendre communication sans déplacement et sans frais et fournir leurs observations écrites.*	10 de la loi.
28	*Dans les trois jours suivans.*	*Envoi de toutes les pièces par le sous-préfet à la préfecture.*) (1)	10 de la loi.
29	»	Arrêté motivé du préfet indiquant les propriétés qui doivent être cédées et l'époque à laquelle il sera nécessaire d'en prendre possession (2).	11 de la loi.

DEUXIÈME PÉRIODE.

Expropriation prononcée par l'autorité judiciaire.

30	»	Envoi par le préfet au procureur du roi dans le ressort duquel les biens sont situés, de la loi ou de l'ordonnance qui autorise l'exécution des travaux ainsi que de l'arrêté mentionné au nº 29.	13 de la loi.
31	Dans l'année du nº 29.	(*A défaut par l'administration de poursuivre l'expropriation. Requête que les propriétaires désignés par l'arrêté du préfet* (nº 29) *peuvent présenter au tribunal pour qu'il soit statué sur ladite expropriation.*)	14 de la loi.
32	Dans les trois jours des numéros 30 et 31.	Jugement qui, sur les réquisitions du procureur du roi, prononce l'expropriation des terrains ou bâtimens indiqués dans l'arrêté du préfet, et désigne le magistrat-directeur du jury chargé de fixer l'indemnité (3).	14 de la loi.

(1) Tous les actes mentionnés depuis le nº 22 jusqu'au nº 28 inclusivement, n'ont pas lieu si l'expropriation est demandée par une commune, ou dans un intérêt purement communal.

Dans ce cas le procès-verbal du maire est transmis avec l'avis du conseil municipal au sous-préfet qui l'adresse au préfet avec ses observations.

Le préfet, en conseil de préfecture, sur le vu de ce procès-verbal, et sauf l'approbation de l'autorité supérieure, rend l'arrêté dont il va être parlé au nº 29. (Art. 12.)

(2) Dans le cas où il résulte de l'avis de la commission qu'il y a lieu de modifier le tracé des travaux ordonnés, le préfet surseoit jusqu'à ce qu'il ait été prononcé par l'administration supérieure, qui peut, ou statuer définitivement, ou ordonner qu'il soit procédé de nouveau à tout ou partie des formalités ci-dessus. (Art. 11.)

(3) Il ne faut pas oublier que toutes ces formalités ne doivent être remplies qu'à

Numéros d'ordre.	DÉLAIS.	ACTES A FAIRE ET FORMALITÉS A REMPLIR.	ARTICLES applicables de la loi du 3 mai 1841, et des ordon. du Roi des 18 févr. 1834 et 23 août 1835.
33	»	Publication et affiches par extrait du jugement d'expropriation ou des contrats amiables dans les formes indiquées au nº 15.	15 et 19 de la loi.
34	»	Notification aux propriétaires d'un extrait dudit jugement ou desdits contrats amiables.	15 et 19 de la loi.
35	Immédiatement après les numéros 33 et 34.	Transcription du jugement ou des contrats au bureau de la conservation des hypothèques de l'arrondissement, conformément à l'art. 2181 du Code civil (1).	16 et 19 de la loi.
36	Dans la quinzaine suivante.	Inscription des priviléges et hypothèques conventionnelles, judiciaires, ou légales.	17 de la loi.
37	Dans les trois jours du nº 4.	Pourvoi en cassation que les parties peuvent former contre le jugement, par déclaration au greffe du tribunal.	20 de la loi.
38	Dans la huitaine suivante.	Notification du pourvoi.	20 de la loi.
39	Dans la quinzaine suivante.	Envoi des pièces à la chambre civile de la Cour de cassation.	20 de la loi.
40	Dans le mois suivant.	Arrêt de la Cour de cassation.	20 de la loi.

TROISIÈME PÉRIODE.

Règlement de l'indemnité par le jury.

Numéros d'ordre.	DÉLAIS.	ACTES A FAIRE ET FORMALITÉS A REMPLIR.	ARTICLES
41	Dans la huitaine du nº 34.	Appel par le propriétaire et notification, par lui donnée à l'administration, des fermiers, locataires, usufruitiers, usagers, et de ceux auxquels il connaît des droits de servitude sur les propriétés à exproprier.	21 de la loi.
42	Dans le même délai.	Notification que les autres intéressés doivent donner eux-mêmes de leurs droits au magistrat-directeur du jury.	21 de la loi.
43	»	Notification par l'administration aux propriétaires et à tous autres intéressés des sommes qu'elle offre pour indemnités.	23 de la loi.
44	»	Affiches et publication des offres, dans les formes indiquées au nº 19.	23 de la loi.

défaut de conventions amiables qui peuvent intervenir entre l'administration et les expropriés à toutes les phases de la procédure, et en vue desquelles des autorisations peuvent, aux termes de l'art. 13, être facilement accordées pour l'aliénation des biens des mineurs, interdits, absens et autres incapables, ainsi que pour l'aliénation de ceux des départemens, des communes, des établissemens publics, de l'état et de la dotation de la couronne.

(1) Ces formalités ne sont pas obligatoires pour les acquisitions dont la valeur n'excède pas 500 fr. L'administration peut en payer le prix, sauf les droits des tiers.

Numéros d'ordre.	DÉLAIS.	ACTES A FAIRE ET FORMALITÉS A REMPLIR.	ARTICLES applicables de la loi du 3 mai 1841, et des ordon. du Roi des 18 févr. 1834 et 23 août 1835.
45	Dans la quinzaine du n° 44 (*ou dans le mois, s'il s'agit de personnes incapables et ayant besoin d'être autorisées*).	Déclaration par les propriétaires et autres intéressés s'ils acceptent ou n'acceptent pas les offres qui leur sont faites, et indication du montant de leurs prétentions.	24 de la loi.
46	*Dans les six mois du n° 32.*	(*Si l'administration ne poursuit pas la fixation de l'indemnité. Sommation que les parties peuvent lui faire de procéder à ladite fixation* (1).)	55 de la loi.
47	»	Désignation, par le conseil-général du département, dans sa session annuelle, de trente-six personnes au moins et de soixante-douze personnes au plus pour chaque arrondissement de sous-préfecture, domiciliées dans ledit arrondissement, et prises tant sur les électeurs que sur la 2e partie de la liste du jury.	29 de la loi.
48	»	Désignation par la 1re chambre de la Cour royale, ou, à défaut de Cour royale, du tribunal du chef-lieu judiciaire du département, de seize jurés et de quatre jurés supplémentaires pris sur la liste du conseil-général dressée ainsi qu'il est dit au n° 47.	30 de la loi.
49	»	Transmission par le préfet au sous-préfet de la liste des vingt jurés mentionnés au n° précédent.	31 de la loi.
50	»	Convocation par le sous-préfet des jurés et des parties, avec indication du lieu et du jour de la réunion, et, de plus, pour les parties intéressées, avec indication des noms des jurés.	
51	Huit jours, au moins, après le n° 50.	Réunion et constitution du jury au nombre de seize membres. Le magistrat-directeur statue sur les causes d'empêchement ou d'exclusion des jurés, et remplace immédiatement ceux qui sont empêchés ou exclus, soit par les jurés supplémentaires appelés dans l'ordre de leur inscription, soit, en cas d'insuffisance, par des personnes prises sur la liste du conseil-général dont il est question au n° 46. Appel des causes par le greffier. Récusations exercées par les parties, ou, à défaut de récusations suffisantes,	32 et 33 de la loi.

(1) Les dispositions relatives aux propriétaires et à leurs créanciers sont applicables à l'usufruitier et à ses créanciers. (Art. 22.)

Numéros d'ordre.	DÉLAIS.	ACTES A FAIRE ET FORMALITÉS A REMPLIR.	ARTICLES applicables de la loi du 3 mai 1841, et des ordon. du Roi des 18 févr. 1834 et 23 août 1835.
		réduction des jurés au nombre de douze par le retranchement des derniers noms inscrits sur la liste.	
		Prestation de serment des jurés.	36 de la loi.
		Examen des pièces, visite des lieux si besoin est.	37 de la loi.
		Clôture de l'instruction prononcée par le magistrat-directeur du jury. Délibération des jurés dans leur chambre, sous la présidence de l'un d'eux qu'ils désignent à l'instant même.	38 de la loi.
		Enfin, décision du jury fixant le montant de l'indemnité et déclarée exécutoire par le magistrat-directeur qui statue sur les dépens et envoye l'administration en possession de la propriété expropriée.	38 et 41 de la loi.
52	Dans la quinzaine de la décision.	Recours en cassation s'il y a lieu.	42 de la loi.
53	Dans la huit. suiv.	Notification.	42 de la loi.
54	Dans la quinzaine suivante.	Envoi des pièces à la chambre civile de la Cour de cassation.	42 de la loi.
55	Dans le mois suivant.	Arrêt de la Cour de cassation, et, s'il y a lieu, renvoi de l'affaire devant un autre jury.	42 et 43 de la loi.
56	Après la clôture des opérations du jury.	Dépôt au greffe du tribunal civil de l'arrondissement des minutes des décisions du jury et des autres pièces se rattachant à ses opérations.	46 de la loi.
57	Avant la prise de possession.	Paiement ou consignation des indemnités réglées par le jury (1).	53 et 54 de la loi.
		(Si des terains acquis pour des travaux d'utilité publique ne reçoivent pas cette destination,	
58	»	Avis publié comme il est dit au nº 19, faisant connaître les terrains que l'administration est dans le cas de revendre.	
59	Dans les trois mois suivans.	Déclaration des anciens propriétaires qui veulent réacquérir la propriété desdits terrains.	60 et 61 de la loi.
60	»	Fixation du prix, soit amiable, soit judiciaire, dans les formes ci-dessus prescrites.	61 de la loi.
61	Dans le mois de la fixation du prix.	Contrats de rachat et paiement du prix par les propriétaires.)	61 de la loi.

(1) Quand l'indemnité aura été réglée, si elle n'est ni acquittée, ni consignée dans les six mois de la décision du jury, les intérêts auront cours de plein droit à l'expiration de ce délai. (Art. 55. § 2.)

PROCÉDURE EXCEPTIONNELLE

POUR LE CAS D'URGENCE.

Numéros d'ordre.	DÉLAIS.	ACTES A FAIRE ET FORMALITÉS A REMPLIR.	ARTICLES applicables de la loi du 3 mai 1841, et des ordon. du Roi des 18 févr. 1834 et 23 août 1835.
62	»	Ordonnance royale déclarant qu'il y a urgence de prendre possession de certains terrains, non bâtis, soumis à l'expropriation.	65 de la loi.
63	Après le jugement d'expropriation.	Notification aux propriétaires et détenteurs, de l'ordonnance déclarative de l'urgence et du jugement d'expropriation, avec assignation, à trois jours au moins, devant le tribunal civil, énonçant la somme offerte par l'administration.	66 de la loi.
64	Au jour fixé par l'assignation.	Déclaration par le propriétaire et les détenteurs de la somme dont ils demandent la consignation avant l'envoi en possession (1).	67 de la loi.
65	»	Visite des lieux, s'il y a lieu, par le tribunal, et procès-verbal descriptif.	68 de la loi.
66	Dans les cinq jours du nº 64.	Fixation par le tribunal de la somme à consigner.	68 de la loi.
67	»	Procès-verbal de consignation.	70 de la loi.
68	»	Nouvelle assignation à deux jours au moins de délai devant le président du tribunal.	70 de la loi.
69	Au jour fixé.	Ordonnance du président pour la prise de possession.	70 de la loi.
70	»	Taxe par le président des dépens qui sont supportés par l'administration.	72 de la loi.
	Après la prise de possession.	Fixation définitive de l'indemnité, par le jury, comme il est dit aux numéros 47 et suivans.	
	Dans la quinzaine de la notification de la décision du jury.	Consignation s'il y a lieu d'un supplément d'indemnité égal à la différence entre la somme dont la consignation a été ordonnée par le tribunal, et le montant des indemnités fixées par le jury (2).	

(1) Faute par ceux-ci de comparaître, il est procédé en leur absence.

(2) A défaut de cette consignation, le propriétaire peut s'opposer à la continuation des travaux.

TABLE ALPHABÉTIQUE

DES MATIÈRES.

A.

B.

C.

D.

F.

G.

H.

I.

J.

L.

M.

Q.

R.

S.

T.

U.

V.

FIN DE LA TABLE ALPHABÉTIQUE.

www.ingramcontent.com/pod-product-compliance
Ingram Content Group UK Ltd.
Pitfield, Milton Keynes, MK11 3LW, UK
UKHW020139200726
13856UKWH00003B/763